AF272533

L. C. WIZARD

Lieblingssongs –

Liedtexte und Geschichten

L.C. WIZARD

Lieblingssongs –

Liedtexte und Geschichten

Bibliografische Information der Deutschen Nationalbibliothek:
Die Deutsche Nationalbibliothek verzeichnet diese Publikation in
der Deutschen Nationalbibliografie; detaillierte bibliografische
Daten sind im Internet über http://dnb.dnb.de abrufbar.

Lektorat: L.C. Wizard

Verlag: BoD · Books on Demand GmbH, Überseering 33,

22297 Hamburg, bod@bod.de

Druck: Libri Plureos GmbH, Friedensallee 273, 22763 Hamburg

ISBN: 978-3-7693-1612-4

Inhalt

Lieblingssongs

Kaum jemand kann und will sich ein Leben ohne Musik vorstellen, denn sie ist mehr als nur ein schöner Zeitvertreib oder ein schönes Hobby und gehört wie Essen und Schlafen für viele untrennbar zum Menschsein dazu.

Die Lieblingsmusik kann Balsam für die Seele sein und positive Emotionen wie Fröhlichkeit oder Spaß auslösen, so dass schwierige Lebensphasen besser überstanden werden. Eine derartige Entwicklung kann wiederum die Kraft für ein längeres Leben beinhalten.[1]

Musik vermag ein guter Freund sein[2] und kann das Leben enorm bereichern. Immer wieder verbindet sie sich mit persönlichen Erlebnissen und dabei entstandenen Empfindungen.

Mancher Lieblingssong weckt mit seinen Texten oder Melodien Erinnerungen an bestimmte Ereignisse im Leben (siehe die Songbeispiele ab S. 14), und man denkt sogleich an die erste Liebe zurück, oder es reicht ein Weihnachtslied, um jemanden in Weihnachtsstimmung zu versetzen. Musik bewegt und berührt — ob jung oder alt, ob Frau oder Mann.

Es gibt wohl nur wenige Dinge, die auf solch einfache Weise mit Glück erfüllen können: So kann ein schlechter Tag mit der Lieblingsmusik zu einem guten werden. Eine Autobahnfahrt wird mit den richtigen Songs erträglich. Die Liebesszene im Film erzeugt mit passender Musik große Gefühle. Ein tolles Freiluft-Konzert kann in berauschende Stimmung versetzen.[3]

Nach der jährlich stattfindenden Untersuchung von Musikvorlieben (Institut für Demoskopie Allensbach, November 2023) sind Rock- und Popmusik in fast allen Altersgruppen (14 bis 69 Jahre) die beliebtesten Musikrichtungen in Deutschland. Auf den weiteren Plätzen folgen Oldies, Deutsche Schlager, Musicals, Weltmusik, Country- und Folkmusik, Klassische Musik, Blues, Spirituals, Hip-Hop, Rap, Chansons, Hardrock, Heavy Metal, Techno, House, Dance, Jazz u.a.[4]

Welche Musik man hört, ist unabhängig vom Alter ein „wichtiger Aspekt des Charakters und betont die eigene Individualität". Somit kann die jeweilige Lieblingsmusik manches über die Persönlichkeit des entsprechenden Konsumenten verraten.

Denn sie „drückt aus, wer wir sind – emotional, kognitiv und sozial."[5]

So ergab eine Studie der schottischen Heriot-Watt University, bei der weltweit mehr als 36.000 Personen zu ihrem Musikgeschmack und ihren Charaktereigenschaften befragt worden waren, dass die Vorlieben in Bezug auf Musik in der Tat sehr aufschlussreich hinsichtlich bestimmter Merkmale der Persönlichkeit waren:

Während z.B. Menschen, die gerne Klassik hören, eher introvertiert und sehr kreativ sind und gerne Zeit allein verbringen, sind Konsumenten von Popmusik eher extrovertiert, weniger kreativ und häufig eher traditionell, was die Lebensweise angeht.

Liebhaber des eher komplexeren Musikstils Jazz seien laut dieser Studie intelligenter als Fans anderer Musikrichtungen, da sie, besonders wenn es um die Lösung von Problemen gehe, logisch und analytisch vorgingen, dabei allerdings manchmal etwas überheblich wirkten.

Fans von Elektro- und Techno-Musik liebten Partys, seien nicht gern allein, am liebsten ständig unterwegs, offen und alles andere als schüchtern, dabei allerdings gelegentlich ein wenig schroff im Umgang mit ihren Mitmenschen.

Liebhaber von Heavy Metal seien aller Wahrscheinlichkeit nach offen für neue Erfahrungen, politisch liberal und athletisch.[6]

Bezüglich der Liedtexte von Lieblingssongs kann laut einer Studie der Queen Mary University London auch einiges über die Moral- und Wertevorstellungen der jeweiligen Musikkonsumenten ausgesagt werden:

So bevorzugten z.B. Menschen, die sich eindeutig einer bestimmten Gruppe zugehörig fühlten, Liedtexte, die positive Gefühle vermitteln, vermieden Lieder mit negativen Gefühlen oder gewalttätigen Erzählungen und bevorzugten eher laute und tanzbare Musik. Hingegen favorisierten Studentteilnehmer mit individualisierenden Werten eher sanfte und weniger dynamische Musik.[7]

Für viele Menschen sind die Texte in ihren Lieblingssongs bzw. auch die Entstehungsgeschichte der Songs (siehe dazu die Songbeispiele ab S. 14) grundsätzlich von großer Bedeutung.

Denn es ist nicht nur die Melodie, die einen Song unvergesslich macht; es sind oftmals vielmehr die Texte im Song bzw. manche Hintergrund-Informationen zur Entstehung des Liedes, die berühren und zum Nachdenken oder zu bestimmten Handlungsweisen anregen.

Lieblingssongs bzw. deren Texte enthalten häufig intensive Gefühle, emotionale Gedanken zu zeitlosen gesellschaftlichen oder politischen Themen, persönliche Geschichten, Metaphern und Botschaften der Texter, die es dem Zuhörer ermöglichen, persönliche Erfahrungen und Gefühle in eine Textinterpretation einfließen zu lassen.

Mit Hilfe dieser „Brücken zu unseren innersten Emotionen" wird letzterer zum Nachdenken und zu einer genaueren Beschäftigung mit den Themen eingeladen, die in den Liedern vertont bzw. angesprochen werden. Die in den Texten gewählten Wörter und Sätze oder auch der Songtitel können dabei sowohl den individuellen Hintergrund des Künstlers als auch universelle menschliche Erfahrungen beleuchten.[8] Vor allem Songtexte sind mithin „das Herz eines jeden Songs. Sie geben der Musik Tiefe und Bedeutung. Ohne sie wären viele Stücke nur noch Melodien ohne Inhalt."[9]

Die vorgestellten Lieblingssongs in den folgenden Kapiteln haben eine starke emotionale Verbindung zum Autor und anderen Menschen herstellen können. Sie sind vor allem auch gut geeignet darzustellen, welche historischen Umstände bzw. Erlebnisse, Gedanken und Botschaften der Künstler bei der Entstehungsgeschichte bzw. der Musik- und Textproduktion der einzelnen Songs zugrunde lagen.

The Doors „Light My Fire"

„Light My Fire" wurde 1967 veröffentlicht, gilt als ein Beispiel des Psychedelic und Jazz - Rock. Der Song wurde von The Doors komponiert und ist als Titel 6 (Länge 7:04 Min) 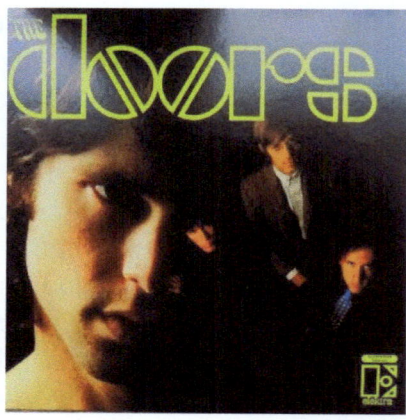 auf dem gleichnamigen Debütalbum der Gruppe vertreten (Label: Elektra; Produktion: Paul Allen Rothchild).[10]

The Doors (thedoors.com) wurden 1965 in Los Angeles gegründet und gelten als eine der wichtigsten Rockbands der 1960er Jahre (Verkauf von mehr als 80 Mio. Tonträgern). Ihre zeitlosen Songs werden v.a. dem Blues- und Psychedelic Rock zugeordnet. The Doors zeichnen sich durch große musikalische Originalität und poetische Texte aus. Sie gehörten bis zu ihrer Auflösung 1973 zu den populärsten Gruppen in den USA. Dies geschah vor allem vor dem Hintergrund gesellschaftlicher Spannungen zwischen konformistischer Erwachsenenwelt und jugendlicher Protestgeneration, die sich generell gegen die westliche Industriegesellschaft und speziell gegen das Engagement der USA im Vietnamkrieg auflehnte.

Besser als jede andere Band spiegelte die Musik der Doors diesen revolutionären Versuch der gesellschaftlichen Umgestaltung wider. Besonders der Sänger der Doors verkörperte den Geist dieser Auflehnung und trug ihn auch in die Konzerthallen, wo die Fans zahlreich versammelt waren und diesen Musikern gebannt folgten: Jim Morrison (Gesang, † 1971), Robby Krieger (Gitarre), John Densmore (Schlagzeug), Ray Manzarek (Tasteninstrumente, † 2013).

Ihr erstes Album „The Doors" (1967) enthält die erfolgreichen Songs „Light My Fire", „Soul Kitchen", „Take It As It Comes", „Break On Through" und „The End", der insbesondere durch den Film „Apocalypse Now" bekannt ist. Ebenfalls 1967 erschien das zweite Album „Strange Days" mit den Hits „People Are Strange" und „When the Music's Over", das die Doors selbst als ihr bestes bezeichneten. Mit dem Song „Hello, I Love You" vom Album „Waiting For The Sun" von 1968 gab es nach „Light My Fire" einen zweiten Nummer-1-Hit in den USA. Nach dem von der Kritik als schwächstes Doors-Album beurteilten „The Soft Parade" (1969) erschien im Jahr 1970 „Morrison Hotel", das aber auch keine sehr erfolgreiche Single aufwies. „L.A. Woman" von 1971 gilt als das bluesigste Album der Doors und erreichte mit „The Changeling" (siehe S. 40), „Love Her Madly", „L.A. Woman" oder „Riders On The Storm" wieder Topplatzierungen.

Nachdem Jim Morrison am 3. Juli 1971 in Paris unter bis heute noch ungeklärten Umständen zu Tode gekommen war, brachten die restlichen Bandmitglieder zwei weitere Alben heraus, die aber wenig erfolgreich waren. So kam es 1973 zur Auflösung der Doors.

1993 wurden The Doors in die Rock and Roll Hall of Fame in Cleveland, Ohio, aufgenommen. Außerdem wurde ihnen ein Stern auf dem Hollywood Walk of Fame verliehen.[11]

„Light My Fire" erreichte Platz 1 der amerikani-schen Charts und verblieb dort drei Wochen. Die Single wurde millionenfach verkauft, erhielt meh-rere Silber-, Gold- und Platinauszeichnungen und gelangte in der Aufstellung des Rolling-Stone-Magazins (die besten 500 Songs aller Zeiten) auf Platz 35.

Laut einem Interview von Ray Manzarek hatten The Doors im März 1966 keine neuen Eigenkomposi-tionen, und nur Robby Krieger brachte „Light My Fire", das später der ganzen Band zugeschrieben wurde, zum Proben mit. Kurz danach spielten die vier Musiker den Song live im berühmten Rockclub Whisky a Go Go auf dem Sunset Strip in West Hollywood, Los Angeles County, wo sie 1965 von Elektra Records entdeckt worden waren.

Die Originalfassung von „Light My Fire" auf dem Debütalbum war 7:08 Minuten lang. Nach anfäng-lichem Widerstand erfüllte die Band die Bitte der Plattenfirma nach einer kürzeren Version und nahm das Stück nochmals auf. Da diese Version dann aber schlechter ausfiel, kürzte Produzent Rothchild die Albumfassung für die Single auf 2:52 Minuten, indem er den größten Teil der Gitar-ren- und Orgelsoli herausnahm.[12] Die CD-Ausgabe von 2011 (Rhino) enthält erfreulicherweise wieder die Sieben-Minuten-Fassung.

Der umstrittenen These, dass der Text von „Light My Fire" den Drogenkonsum verherrliche, hatte Ray Manzarek vor dem Auftritt von The Doors in der amerikanischen Fernseh-Varieté-Sendung „Ed-Sullivan-Show" (1967) widersprochen: Es handele sich nicht um einen Drogensong, sondern um ein Liebeslied.[13]

Entstanden ist ein optimistisches und hoffnungs-volles Lied über zwei Liebende, die ihre Beziehung mit größerem Engagement auf eine höhere Stufe der Leidenschaft und Intensität heben möchten (*„Girl, we couldn't get much higher", „Try to set the night on fire", „Come on, baby, light my fire", „The time to hesitate is through", „No time to wallow in the mire", „Try now we can only lose"*).[14]

Ich bin leider zu jung gewesen, um die Doors auf ihren Europa-Tourneen sehen zu können, jedoch hat ihre Single „Light My Fire" eine lebenslange Liebe zur Rockmusik in mir ausgelöst. Groß war auch die Freude, als der letzte bekannte Konzert-Mitschnitt von The Doors „Live At The Isle Of Wight" (von 1970) als Blu-ray Disc erschien. Das Konzert wurde von dem langjährigen Doors-Ton-ingenieur Bruce Botnick neu abgemischt und ist 84 Minuten lang. Die Doors zeigen hier noch einmal ihre große musikalische Qualität mit sieben Songs: „Roadhouse Blues", „Back Door Man", „Break On Through", „When The Music´s Over", „Ship Of Fools", „Light My Fire", „The End".

Santana „Evil Ways"

„**Evil Ways**" wurde 1969 veröffentlicht und gilt als Latin Rock - Klassiker. Der Song wurde von Clarence Henry verfasst u. von dem Jazzmusiker Willie Bobo erstmalig  aufgenommen. Er ist als Titel 2 (3:57) auf dem Debütalbum von Santana vertreten (Label: Columbia; Produktion: Brent Dangerfield).[15]

Die 1965 in San Francisco von dem Mexikaner Carlos Santana (* in Autlán de Navarro) gegründete Latin-Rock-Band Santana (ursprünglich Santana Blues Band) mischte afrokubanische Rhythmen und lateinamerikanische Sounds zunächst mit Rock- und Bluestechniken und später auch mit jazzigen Klängen und Funk-Elementen (santana.com).

Der große Durchbruch gelang Santana beim Auftritt auf dem Woodstock-Musikfestival im Jahr 1969 (Carlos Santana, Gi-

tarre; Gregg Rolie, Keyboards, Gesang; Michael Shrieve, Schlagzeug; David Brown, Bass; Michael Carabello, Congas, Perkussion; José Chepito Areas, Timbales, Perkussion), bei dem ihre Präsentation des Songs „Soul Sacrifice" als einer der Höhepunkte dieses legendären Festivals gilt.

Im selben Jahr erschien das erste, sehr beliebte Album „Santana", das in den USA zwei Platin-Auszeichnungen erhielt. 1970 verkaufte die Band bereits mehrere Millionen Platten des Nachfolgers „Abraxas", und auch „Santana III" (1971) war kaum weniger erfolgreich.

Die nächsten Jahre waren von den eher jazz-orientierten und von der Musikkritik hochgelobten Santana-Alben „Caravanserai" (1972), „Welcome" (1973), „Love Devotion Surrender" (1973), „Borboletta" (1974) und Carlos Santanas Solo-Album „The Swing Of Delight" (1980) geprägt, in die verstärkt Jazz-Phrasen und -Harmonien eingebunden wurden.

Nachfolgende Alben wandten sich wieder stärker dem Latin-Rock zu („Amigos", 1976; „Festival", 1977; „Marathon", 1979; „Zebop", 1981; „Freedom", 1987; „Milagro", 1992 u.a.).

In ihrer über 50-jährigen Bandgeschichte haben Santana bis 2021 schließlich insgesamt 32 Studio-Alben sowie 10 Live-Alben veröffentlicht, unzählige Tourneen rund um die Welt absolviert, weltweit rd. 100 Millionen Tonträger verkauft und dafür viele Auszeichnungen erhalten; so z.B. nicht weniger als acht Grammys bei der Grammy-Verleihung im Jahr 2000 für das Album „Supernatural", was eine Einstellung des bis dahin vorhandenen Rekordwertes bedeutete.[16]

„Evil Ways" mit dem Leadgesang von Gregg Rolie wurde zunächst als Single veröffentlicht und im Jahr 1969 Santanas erster Top-40- und Top-10-Hit in den USA (Platz 9 der Billboard Hot 100). Mit einer bedeutungsvollen Botschaft versehen, gilt dieser Latin-Jazz-/-Rock-Song mittlerweile als zeitloses Meisterwerk und wurde zu einem weltweiten Hit.[17]

Der Liedtext ist ein Hinweis darauf, dass „das Erkennen unserer dunklen Neigungen zu Entwicklungen, Selbsterkenntnis und letztlich zu einem Weg der Erlösung führen kann."[18]

Es geht in dem Song um einen Mann, der erkennt, dass er von einer Frau, die er liebt, benutzt und getäuscht wird. Er komme nach der Arbeit in ein verlassenes, dunkles Haus und fühle sich vernachlässigt (*„Baby, when I come home, baby, my house is dark and my pots are cold"*; *„You're hanging around, baby, with Jean and Joan and a who knows who"*).

Auch die Suche nach ihr in der ganzen Stadt bliebe ergebnislos und sei ernüchternd (*„You've got me running and hiding all over town"*). Der Mann bezeichnet die Verhaltensweisen seiner Frau als „Evil Ways" (üble Gewohnheiten, Abwege), die ihre Beziehung gefährden würden (*„This can't go on"*).

Also fordert er sie auf, diese „Evil Ways" aufzugeben, ihr Verhalten zu ändern (*„You've got to change your evil ways, baby"*) oder zu riskieren, dass sie seine Fürsorge und Liebe verlieren würde (*„Before I stop loving you, you've got to change, baby"*). Denn: *„I'm getting tired of waiting and fooling around"* und *„I'll find somebody that won't me feel like a clown"*.

Anfang 1980 hat eine Nachricht wie eine Bombe bei mir eingeschlagen: Santana kommen im Juni nach Hannover und werden vor ca. 20.000 Menschen ein Konzert in der Messehalle 20 spielen!

Am sehr warmen Konzertabend ist es heiß und stickig in der Halle, und wir sitzen zunächst im Schneidersitz vor der Bühne. Ich hoffe, dass ich mein zweites Santana-Konzert - auch angesichts des Kiffer-Nebels um uns herum - bei vollem Bewusstsein genießen kann.

Nach Erscheinen der Band (Carlos Santana, Gitarre; Alex Ligertwood, Gesang, Rhythmusgitarre; Richard Baker, Keyboards; David Margen, Bass; Graham Lear, Schlagzeug; Armando Peraza, Bongos, Conga, Perkussion; Raul Rekow, Conga, Bongos, Perkussion; Orestes Vilató, Timbales) verwandelt sich die Halle bald in ein Tollhaus. Fast 3 Stunden später und nach vielen Hits („Hannibal",

„Black Magic Woman", „Gypsy Queen", „You Just Don´t Care", „Oye Como Va", "Tales Of Kilimanjaro", „Europa", „Samba Pa Ti", „Evil Ways" u.a.) sitzt niemand mehr und der Beifall will nicht enden. Nach Konzertende setzt ein selten erlebter, gewaltiger Gewitterguss ein, und nichtsdestotrotz machen wir uns glückselig auf den Weg nach Hause. Ich habe „Evil Ways" danach noch viele Male bei weiteren Santana-Konzerten erleben dürfen, doch dieser und viele andere Songs der Band haben mir immer wieder einen Schauer über den Rücken laufen lassen.

Ich könnte meiner Begeisterung hier noch weiter freien Lauf lassen, würde dann aber wohl nicht objektiv erscheinen. Also werde ich im Folgenden Überschriften von Zeitungsartikeln zu den von mir bis zum heutigen Tag besuchten Santana - Konzerten sprechen lassen:

1977   Santana und Journey – mehr geht nicht
1987   Santana – So gut wie alter Wein
1989: 2000 feierten Carlos
1996: Tanz der Schlange mit Samba-Versionen
2000: Santana entfesselt einen tropischen Sturm
2004: Der Tag, als Santana kam
2006: Santana begeistert bei Tourauftakt
2009: Carlos Santana feiert Rock-Fiesta
2011: Der Sommer heißt Carlos
2013: Santana ließ im Steinbruch Gitarren singen
2015: Ultimativer Carlos Santana
2018: Latin Rock im Weltklasse-Format

2025 werden Santana sechzig Jahre nach Bandgründung! mit dem dann 77 Jahre jungen
Bandleader und nach längerer Pause wieder Konzerte in Deutschland geben, und ich freue mich
jetzt schon „wie Bolle" darauf.

Chicago „Listen"

„Listen" wurde 1969 veröffentlicht und gilt als ein Beispiel des Progressive und Jazz - Rock. Der Song wurde von Chicago - Keyboarder Robert Lamm komponiert. Er ist als  Titel 5 (Länge: 3:22 Min.) auf dem Debütalbum von Chicago „Chicago Transit Authority" vertreten (Label: Columbia; Produktion: J. W. Guercio).[19]

Diese 1968 in Chicago gegründete US-amerikanische Rockband (anfangs als Chicago Transit Authority) entstand aus einer Idee einiger in den 1940er Jahren geborenen Musikstudenten, die einen neuen Sound erschaffen wollten, nämlich den einer Rock´n`Roll-Band mit Blasinstrumenten sowie Jazzelementen und evtl. mit politischen Texten. Die Gruppe bestand zunächst aus: Terry Kath (Gitarre, Gesang; bis 1978), Robert Lamm (Keyboards, Gesang), Danny Seraphine (Schlagzeug; bis 1990), Peter Cetera (Bass, Gesang; bis 1985), Walter Parazaider (Saxophon), James Pankow (Posaune), Lee Loughnane (Trompete).

Zu dieser Zeit ahnte von den Gründungsmitgliedern von Chicago niemand, welch gigantischer Erfolg ihnen im Lauf ihrer Musikerkarriere beschieden sein würde: 20 Top-10 Singles, 12 Top-10 Alben (fünf davon Nr. 1), rund 120 Millionen verkaufte Tonträger, Goldene und Platin-Schallplatten, Verleihung von Grammys und eines Sterns auf dem Walk of Fame im Jahr 1992, Aufnahme in die Rock and Roll Hall of Fame 2016.

Am Ende der 60er Jahre war man davon noch weit entfernt, doch bereits das zweite und das dritte Album mit dem Titel „Chicago II" (1970) und „Chicago III" (1971), die einen jazz-rockigen Basisklang aufwiesen, begeisterten das Publikum und danach ging es steil bergauf. Nacheinander erschienen bis 2022 rund vierzig erfolgreiche Alben in schneller Reihenfolge.

Bis auf das vierte Album, das den Namen „Chicago at Carnegie Hall" (1971) trägt, und das zwölfte Album „Hot Streets" (1978) wurden alle anderen Alben einfach mit dem Bandnamen und einer Ziffer benannt.

So heißen z.B. die vier topplatzierten Alben von 1972 bis 1975 dementsprechend „Chicago V", „Chicago VI", „Chicago VII" und „Chicago VIII". Die drei zuletzt veröffentlichten Studioalben heißen „Now: Chicago XXXVI" (2014), „Chicago XXXVII: Chicago Christmas" (2019) und „Chicago XXXVIII: Born For This Moment" (2022).

In der zweiten Hälfte der 70er Jahre gab es einen Musikstil-Wechsel vom Jazzrock hin zu Balladen, wie z.B. „If You Leave Me Now" von „Chicago X" (1976) - der kommerziell erfolgreichste Song der Gruppe bis heute (siehe auch bei chicagotheband.com).[20]

„Listen" entwickelte sich wie viele andere Songs auf „Chicago Transit Authority" zu einem Überraschungshit. Das Doppelalbum erreichte erst im Jahr 1971 Platz 17 des US-Billboard 200-Record-Chart. Es blieb für 171 Wochen in diesem Ranking und übertraf damit den bisherigen Rekord von 155 Wochen für Rockalben.[21]

Bis zum Erscheinen von „Chicago VII" (1974) und vor ihrer Zeit als „Balladenmaschine" bewegte sich Chicago nach Expertenmeinung in Fusion Jazz-Gefilden. „Listen" gewährt einen geeigneten Blick auf diese frühe Schaffensperiode einer der größten amerikanischen Bands - mit herrlicher Gitarrenarbeit von Terry Kath, leidenschaftlichem Gesang von Robert Lamm und druckvollem Hörnersound.

Lamm hat mit diesem Song eine Dokumentation über die Zeit verfasst, als seine Band in Chicago und später in Los Angeles Auftritte mit langen Arbeitszeiten und niedriger Bezahlung in verschiedenen Bars absolvierte, als Vorgruppe spielte oder unter ferner liefen auf Festivals auftrat.

Den Zuhörern sagt Lamm, dass es in Ordnung sei, zu lächeln und Spaß zu haben (*„Or you can smile"*). Jedoch wäre es erwünscht, wenn das Publikum die Band und ihre Musik dabei nicht nur ignorieren (*„All you got to do is listen"*) und als Hintergrundgeräusch ansehen würde („*If you don't hear it you can tell us so.* [...] *It could be so nice, you know, if only you would listen*"). Die Musiker seien zwar nicht nur wegen des Geldes hier, aber es wäre doch schön, wenn sich mehr Geld verdienen ließe („*If you think that we're here for the money, you couldn't be right, you know. But the bread is not too good here.*").[22]

1977 sind drei Freunde ganz gespannt, in Hannover die aufregende Rockband Chicago während ihrer Welttournee sehen und hören („Listen"!) zu können, die als eine der ersten Blasinstrumente integriert hat. Songs wie „I'm a Man", „25 or 6 to 4" oder „Feelin' Stronger Every Day" haben bereits seit einigen Jahren elektrisiert. Also machen wir uns auf zur Konzertarena und staunen nicht schlecht, als der Kuppelsaal nur durch einen dichten Polizeikordon hindurch zu betreten ist. Wir fragen uns, warum derartige Maßnahmen bei einem Rockkonzert notwendig sind, und es entsteht eine bedrückende Atmosphäre, die allerdings dann durch ein großartiges und friedliches Konzert in ein Hochgefühl verwandelt wird.

Später werde ich nachforschen, was die Polizeiabsperrungen für einen Sinn gehabt haben: Es zeigt sich, dass scheinbar zur Revolution auffordernde Songtexte dieser Band als rotes Tuch für die Politik erschienen und Unruhen während des Konzerts befürchtet worden sind, die dann aber (ganz gemäß unseren Erwartungen) gänzlich ausblieben.

Black Sabbath „The Wizard"

„**The Wizard**"
wurde 1970 ver-
öffentlicht und
gilt als ein Bei-
spiel des Hard
Rock und Doom
Metal. Der Song
wurde von allen
Black - Sabbath -
Musikern kom-
poniert. Er ist als
Titel 2 (Länge: 4:23 Min.) auf ihrem Debütalbum
„Black Sabbath" vertreten (Label: Vertigo; Produktion: Roger Bain).[23]

*Diese 1969 in Birmingham gegründete englische Band
(blacksabbath.com) mauserte sich in den 70er Jahren zu einer
prägenden Größe des aufkommenden Hard Rock (Tony
Iommi, Gitarre; Geezer Butler, Bass; Bill Ward, Schlagzeug;
Ozzy Osbourne, Gesang, Mundharmonika). Nachdem ihr
außergewöhnlicher Erfolg bei der vor allem minderjährigen
Fangemeinde zu Anfang im umgekehrten Verhältnis zur meist
negativen Beurteilung der Musikkritiker stand, wird der
Doom-Metal-Band Black Sabbath heute ein maßgeblicher
Einfluss auf die Entwicklung der Rock- und Heavy-Metal-
Musik der folgenden Jahrzehnte zugesprochen.*

Die beiden ersten Alben der Band „Black Sabbath" und "Paranoid" (jeweils von 1970) zeigten gleich den typischen Stil der Band auf: einfache Riffstrukturen sind mit virtuosen Variationen von Bass, hartem Gitarrenrock und Schlagzeug kombiniert. Dazu besitzt der falsett-ähnlich hohe und melodiöse Gesang hohen Wiedererkennungswert. Das Titelstück „Paranoid" entwickelte sich zum größten Hit der Band und das Album sowie die nächsten Veröffentlichungen „Master of Reality" (1971), „Volume 4" (1972), „Sabbath Bloody Sabbath" (1973) und „Sabotage" (1975) wurden weltweit millionenfach verkauft.

Den Folgealben „Technical Ecstasy" (1976) und „Never Say Die" (1978) konnten dann aber selbst eingefleischte Fans kaum noch etwas abgewinnen. Ozzy Osbourne verließ die Band und eröffnete eine erfolgreiche Solokarriere. Weitere Bandmitglieder kamen und gingen, darunter Ronnie James Dio und Ian Gillan (Gesang), Glenn Hughes (Bass, Gesang) oder Tommy Clufetos (Schlagzeug, 2012-2017).

Nachdem Tony Iommi im Jahr 1989 das einzig verbliebene Original-Sabbath-Mitglied gewesen war, wurde der Traum aller Metal-Fans 1997 wahr: Geezer Butler, Ozzy Osbourne und Bill Ward kamen zurück und die Doom-Legenden feierten mit dem Live-Doppelalbum „Reunion" eine umjubelte Rückkehr. Dem folgte 2000 ein Best-Of-Album und 2013 das lang ersehnte Studioalbum „13", das an alte Mega-Erfolge anknüpfte.

Die Black-Sabbath-Abschiedstour „The End" startete Anfang 2016; in diesem Rahmen fand das letzte Konzert von Black Sabbath am 4. Februar 2017 in ihrer Heimatstadt Birmingham statt: „The Final Show From The Greatest Metal Band Of All Time" ist zum Glück als Blu-ray „Black Sabbath - The End" erhältlich.[24]

„Black Sabbath" (und also auch „The Wizard") wurde im Jahr 1970 von Warner Bros. Records veröffentlicht. Das Album erreichte vor allem in UK einen kommerziellen Erfolg, Platz 8 der britischen Charts und Platz 23 der US-Billboard-Top-LP-Charts.

Aus heutiger Sicht wird das Werk als eines der größten und einflussreichsten Heavy-Metal-Alben aller Zeiten gewürdigt. Es ist außerdem in Robert Dimerys Musik-Nachschlagewerk „1001 Albums You Must Hear Before You Die" (Universe Publishing, 2005) enthalten.[25]

Der Liedtext von „The Wizard" beschreibt einen Zauberer (*„Without warning, the wizard walks by"*), der seine magischen Kräfte nutzt (*„spreading his magic"*), um Menschen, denen er begegnet, Glück und Zuversicht zu bringen (*„Evil power disappears. Demons worry when the wizard is near. He turns tears into joy. Everyone's happy when the wizard is near"*).

Nach Aussagen von Geezer Butler sei der Text vom Zauberer Gandalf aus „Der Herr der Ringe" beeinflusst. Andere Stimmen meinen, dass es in dem Song um den ehemaligen Drogendealer der Band gehe.[26]

2014: Black Sabbath feiern im Berliner Volkspark Wuhlheide mit rd. 17.000 Fans eine atemberaubende Rock-Party. Obwohl die Bandmitglieder nicht mehr wie die knallharten Kerle aus den 1970er Jahren agieren, springt Ozzy Osbourne doch gelegentlich noch wie ein wildes Pferd über die Bühne und ruft wie ein Kuckuck. Er erkundigt sich nach fast jedem Lied, ob es allen gut gehe und wir Spaß hätten. Daher mag ich nicht einmal Bier holen gehen, so sehr möchte ich antworten: J a a a a a a a !

Noch erstaunlicher als das Album „13" (2013) wirkt die Wiederauferstehung dieser Legenden im Konzert, das eines ihrer letzten gewesen sein wird: Niemand singt so schräg, aber doch kunstvoll wie Ozzy. Tony Iommis bleischwere Gitarrenriffs sind unnachahmlich. Kaum jemand lässt die Bassläufe galoppieren wie Geezer Butler. Black Sabbath machen mit uns eine Zeitreise in die Urzeit harter Rockmusik. Wir genießen die fünfzehn Songs, darunter „Black Sabbath", „Iron Man", „Snowblind" und natürlich „Paranoid". Die Fans zeigen ihre Teufelskrallen (mano cornuta = ital.: gehörnte Hand), und dann ruft Ozzy: „I love you all!"

Sly & The Family Stone
„Thank You"

„Thank You (Fa-lettinme Be Mice Elf Agin)" gilt als Funk - Klassi-ker. Der Song wurde von Syl-vester Stewart alias Sly Stone komponiert. Er war auf einem Album erstmalig

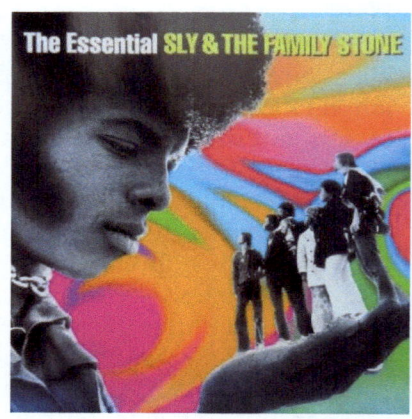

1970 („Sly & The Family Stone – Greatest Hits") und danach u.a. auf der Doppel-CD „The Essential Sly & The Family Stone" (2003; Länge: 4:48 Min.; Label: Sony; Produktion: Sly Stone) enthalten.[27]

Die 1960er Jahre waren in den Vereinigten Staaten eine Phase der Sehnsucht nach gesellschaftlichen Veränderungen. Junge weiße Mittelschichtler begannen sich von den Werte-systemen ihrer Eltern abzugrenzen und die schwarze Be-völkerung kämpfte für mehr Freiheit, gegen Rassentrennung und Unterdrückung.

Sly Stone (bürgerlich: Sylvester Stewart; Gesang, Orgel) war im Jahr 1966 inmitten der Dramatik lebensgefährlicher Ras-

senunruhen mit „einem Haufen schillernder Paradiesvögel" dem rauen Vorstadtklima von San Francisco entflohen, um mit „Black Rock" voller Kraft und Rhythmus sowie mit Texten voller Optimismus Inspiration für eine Welt ohne Konflikte zwischen verschiedenen Rassen und Geschlechtern zu vermitteln.

Schon als 15-Jähriger hatte Sly eigene Songs produziert und war danach eine Zeitlang als Discjockey für eine R&B-Radiostation in San Francisco und als Produzent für lokale Tanzbands tätig. Mit dem so verdienten Geld finanzierte er sein College-Studium in Musiktheorie und gründete 1969 mit ein paar Geschwistern, Verwandten und Studienfreunden die Band Sly & The Family Stone (Rose Stone, Klavier, Gesang; Freddie Stone, Gitarre, Gesang; Larry Graham, Bass; Cynthia Robinson, Trompete, Gesang; Jerry Martini, Saxophon, Flöte; Greg Errico, Schlagzeug).

Sly & The Family Stone (slystonemusic.com) werden als „Pioniere des Funk" bezeichnet und gelten mit ihrer einzigartigen Musik-Mixtur aus Soul und Rock, polyrhythmischen Beats, dominanten Bassriffs, einer groovenden Rhythmus-Gitarre, messerscharfen Bläsersalven und emotionalem Gesang heute als eine der stilprägendsten Bands dieses Genres.

Sie ist mit erfolgreichen Alben wie „Dance To The Music" (1968), „Stand!" (1969) oder „Fresh" (1973) Inspirationsquelle für unzählige weitere Musiker, wie z.B. Jimi Hendrix, Miles Davis, Stevie Wonder, Herbie Hancock, Michael Jackson, War, Johnny Guitar Watson, und später auch für den Glamour Rock, die Disco-Welle oder den frühen Rap und Hip-Hop der Generation X gewesen.[28]

„Thank You (Falettinme Be Mice Elf Agin)" ist im Jahr 1969 erstmalig als Doppel-A-Single mit „Everybody Is A Star" veröffentlicht worden. Der Song war fünf Wochen lang auf Platz 1 der Soul-Single-Charts, erreichte im Februar 1970 Platz 1 der Billboard-Hot-100 und Platz 410 in der Rolling-Stone-Liste (2004) der 500 besten Lieder aller Zeiten.

Der Songtitel ist eine absichtliche Mondegreen-Schreibweise (= ein falsches Verstehen einer Phrase, wodurch ihr eine neue Bedeutung gegeben wird) für die Aussage „Danke, dass du mich wieder ich selbst sein lässt". Die dritte Strophe enthält deutliche Hinweise auf frühere Songs der Band: *„'Dance to the music' all night long"*, *„'Everyday People' 'sing a simple song'"*, *„'You Can Make It If You Try'"*.[29]

Das nachfolgende Album „Stand!" (1969), das sich mit Themen wie Diskriminierung und Rassentrennung aufgrund der Hautfarbe beschäftigt, verkaufte sich nach hohen Chartpositionen in der Folgezeit weltweit millionenfach.

Hiervon beflügelt, geriet der Auftritt von Sly And The Family Stone vor rd. 400.000 Menschen auf dem Woodstock-Festival Mitte August 1969 (ein Dreisong-Medley mit „I Want To Take You Higher") zu einem Riesenerfolg und kann auf dem Oscar-prämierten Dokumentarfilm (1970) von Michael Wadleigh sehr anschaulich nachvollzogen werden.

Auf dem anschließenden Greatest-Hits-Album von Sly And The Family Stone, das in den USA mit fünffachem Platin ausgezeichnet wurde, waren 5 funkige Songs von „Stand!" enthalten sowie vor allem das fulminante „Thank You (Falettinme Be Mice Elf Agin)". Diese Funk-Bombe hat vielleicht mehr als jeder andere Song danach ein Jahrzehnt des Funk eingeleitet.[30]

1994 kam ein gegenüber dem Woodstock-Film von 1970 um 40 Minuten verlängerter „The Director´s Cut" mit einer Mischung aus Auftritten der Musiker und einer Dokumentation mit vielen Interviews heraus, der auch den Autor damals in große Begeisterung versetzt und in jedem folgenden Jahr neu inspiriert hat: Jeweils um den 17. August jeden Jahres herum gibt es einen Pflichttermin, denn dann ertönen Woodstock-Klänge aus den Boxen.

Zu den Höhepunkten des legendären Festivals zähle ich die Auftritte von Canned Heat, Joe Cocker, Jimi Hendrix, Santana, Sly And The Family Stone und Ten Years After.

Focus „Hocus Pocus"

„**Hocus Pocus**"
wurde 1971 ver-
öffentlicht und
gilt als ein Bei-
spiel des Pro-
gressive Rock.
Der Song wurde
von Thijs van
Leer und Jan Ak-
kerman kompo-
niert. Er ist als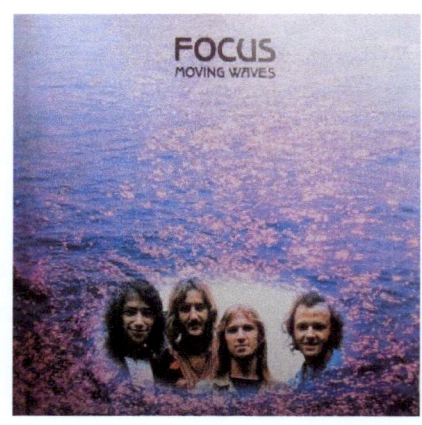
Titel 1 (Länge: 6:42 Min.) auf dem Album „Mo-
ving Waves" vertreten (Label: Red Bullet; Produktion: Michael Vernon).[31]

*Diese niederländische Progressive-Rock-Band wurde im Jahr
1969 von Thijs van Leer (* in Amsterdam), Martijn Dresden
sowie Hans Cleuver gegründet (focustheband.co.uk) und ein
Jahr später um Jan Akkerman erweitert (* in Amsterdam;
1973 vom Musikmagazin Melody Maker zum weltbesten
Gitarristen gewählt).*

*In dieser Besetzung entstand 1970 die erste LP „In And Out
Of Focus"; in neuer Besetzung mit Pierre van der Linden*

(Schlagzeug) und Cyril Havermanns (Bass) danach das zweite Album „Moving Waves", das Focus mit dem Hit „Hocus Pocus" weltweiten Erfolg und Goldene Schallplatten einbrachte.

Nach „Focus III" mit dem Hit „Sylvia" (1973) erschienen u.a.: „Live at the Rainbow" (1973), „Hamburger Concerto" (1974), „Mother Focus" (1975), „Ship of Memories" (1976), „Focus - J. Akkerman & Thijs van Leer" (1985); jeweils Alben, auf denen virtuose Instrumentalstücke überwiegen, die kompositorisch auf höchstem Niveau sind und Jazzelemente, Klassik und Weltmusik auf geniale Weise kombinieren.

Thijs van Leer stellte 2001 eine neubesetzte Focus-Formation zusammen und tourte in der Folgezeit durch Europa. Hieraus entstanden folgende Veröffentlichungen: „Focus 8" (2002), „Focus 9" (2006), „Focus X" (2012), „Live In Europe" (2016) „Focus 11" (2018) und „Focus 12" (2023).

„Focus 11", das zunächst nur bei Konzerten und über die Homepage der Band verkauft wurde, und „Focus 12" sind frische und einfallsreiche Alben geworden. Sie enthalten klassische, folkige, rockige und jazzige Einflüsse und zeigen auf, dass es falsch wäre, Focus lediglich als eine Band aus den 1970er Jahren abzutun.[32]

Unbedingt empfehlenswert ist auch die spitzenmäßige „Hocus Pocus Box" (2017) als schöner Überblick über das künstlerische Schaffen von Focus in den Jahren 1970 bis 2012. Es handelt sich um nicht weniger als 13 CDs voller unnachahmlicher Musik und mit schönem Booklet ausgestattet.

Live überzeugt die Band insbesondere auf der CD mit DVD „Live In England" (2016).

„Hocus Pocus" erreichte - nach einem Live-Fern-seh-Auftritt (Dezember 1972) in Großbritannien und einer nachfolgenden Clubtournee - Platz 20 der britischen Single-Charts. 1973 notierte der Song in den USA auf Platz 9 der Billboard-Hot-100 und auf Platz 18 in Kanada. Während der Nike-Werbe-kampagne „Write The Future", die während der FIFA-Weltmeisterschaft im Jahr 2010 in Südafrika zur Ausstrahlung kam, wurde „Hocus Pocus" zu ihrem musikalischen Erkennungszeichen.

Das Instrumentalstück besteht aus einem Wech-sel zwischen einem dynamischen Gitarren-Rock-akkord-Riff mit kurzen Schlagzeug-Soli und Solo-„Versen", die Jodeln, Scat-Gesang, Orgel- und Akkordeonspiel, Flötenriffs und Pfeifen enthalten. Laut Jan Akkerman sei es „eine Parodie auf uns selbst" [...] „all that serious Monteverdian fantasy" und „nur eine Parodie dieser Rockgruppen".[33]

1991: Drei Freunde und ich machen einen Traum-urlaub in Venezuela, einem damals wunderbaren Land im nördlichen Südamerika. Nach der Ankunft in der Hauptstadt Caracas geht es mit einem abenteuerlichen Flug (während des Fluges rieselt Wasser von der Kabinendecke) weiter nach Puerto Ayacucho: die am Orinoco gelegene Hauptstadt des venezolanischen Bundesstaates Amazonas und Einfallstor in den nahen Regenwald. Nach einem kurzen Aufenthalt in dieser aufregenden

Stadt, in der v.a. Kreolen, aber auch viele Indigene, wie Yanomami oder Baré, leben, startet eine unvergessliche Orinoco-Bootsfahrt in die Dschungel-Regionen Venezuelas. Auf dem 2140 km langen Nebenfluss des Amazonas befinden wir uns auf den Spuren des legendären deutschen Naturforschers Alexander von Humboldt – ein lang gehegter Traum. Wir genießen die geheimnisvolle Dschungelszenerie mit beeindruckenden Urwaldriesen, bunten Ara-Schwärmen und Tukanen, rosa Flussdelphinen, Brüllaffen, Wolfsspinnen und Faultieren, die wir auf unserer stundenlangen Fahrt passieren.

Im Anschluss an eine Busfahrt durch die Anden bereisen wir die venezolanische Karibik-Insel Margarita und die Inselgruppe Los Frailes mit ihren phantastischen Stränden und einer imponierenden Unterwasserwelt. Auf Isla Margarita sind wir in dem sympathischen Gästehaus Los Tinajones (Juan B. Arismendi, Qta. Mi Capricho, Loma de Guerra, Porlamar, Margarita) von Enrique Doberti untergebracht, der uns mit allerlei Meeresfrüchten und anderen exotischen Köstlichkeiten verwöhnt.

Am letzten Abend veranstaltet Enrique eine feucht-fröhliche Abschlussparty, die unvergesslich sein wird. Ich übernehme den Job des Discjockeys, der die Feiernden immer wieder zum Tanzen animieren kann. Zu später Stunde lege ich „Hocus Pocus" auf, und alle Gäste tanzen wie wild, ein Freund gar derwischartig und ein anderer auf der Theke. Dieser Song wird daher für immer mit den nachhaltigen Eindrücken in dieser tropischen Nacht verbunden sein.

The Doors „The Changeling"

„**The Changeling**" wurde 1971 veröffentlicht, gilt als ein Beispiel des Blues- und Funk-Rock. Der Song wurde von von The Doors komponiert und ist als Titel 1 (4:24 Min.) auf

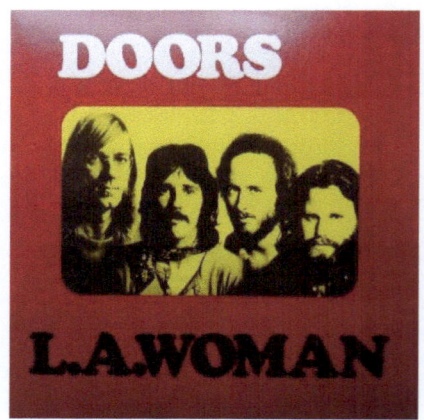

dem Album „L.A. Woman" vertreten (Label: Elektra; Produktion: Bruce Botnick / The Doors).

Noch vor der Album-Veröffentlichung wurde „The Changeling" als Single (B-Seite von „Riders on the Storm") herausgebracht. Es war das erste Lied, das The Doors während der Aufnahmen zu „L.A. Woman" (siehe auch S. 14/15) aufnahmen, und es erreichte Platz 14 im Billboard-Hot-100-Chart.

Die Musikkritik hielt den Titel für einen der am meisten unterschätzten Songs der Doors und beschrieb ihn als „einen an James Brown erinnernden Funk-Rock-Strut voller Groove und Biss."[34]

Der Liedtitel (Changeling = Wechselbalg) bezieht sich auf ein menschenähnliches Wesen, das in Europa in Sagen beschrieben wird. Dabei wurde im Aberglauben des Mittelalters einer Wöchnerin ein Säugling (= Balg) durch ein dämonisches Wesen (Hexen, Zwerge, Elfen) im Austausch gegen ihr eigenes Kind mit der Absicht untergeschoben, ihr zu schaden.

Der Songtitel stammt aus einem von Jim Morrisons Notizbüchern von 1968[35]. Laut Autor James Riordan (Break on Through: Das Leben und der Tod von Jim Morrison. HarperCollins 1992) könnte die Nennung des Wechselbalgs ein Verweis auf Morrisons schwierige Kindheit sein. Mit der Textzeile *„J'm leavin' town on the midnight train"* scheint der Abgang des Sängers aus Los Angeles nach Frankreich angedeutet zu werden (*„See me change"*) – evtl. auch als eine Art Formwandler.

Laut Keyboarder Manzarek sei der Liedtext von prophetischer Natur: Der Protagonist habe in der Innenstadt von L.A. gelebt (*„J live uptown, J live downtown"*), am Strand und in den Bergen (*„J live all around"*; *„J'm a changeling"*), aber er sei nie so pleite gewesen, dass er die Stadt nicht verlassen konnte (*„But J never been so broke that J couldn't leave town"*).[36]

Santana
„Everything´s Coming Our Way"

Dieser Santana-Song wurde im Jahr 1971 veröffentlicht und gilt als ein Beispiel des Latin Rock. Der Song wurde von Carlos Santana komponiert und ist als Titel 8 (Länge:  3:15 Min.) auf dem Album „Santana III" vertreten (Label: Columbia; Produktion: Santana).[37]

„Everything´s Coming Our Way" ist „ein sehr fröhliches" und optimistisches Lied aus dem dritten Album von Santana (siehe auch S. 18/19). Hier übernimmt Carlos Santana den Leadgesang, den auf den ersten drei Alben der Band ansonsten Gregg Rolie innehatte.[38]

Für mich kommt dieser Song immer äußerst energiegeladen und hoffnungsvoll daher (Das Credo des Liedes „Everything´s Coming Our Way" wird etliche Male wiederholt). Er ist mit einer Erwartungshaltung hinsichtlich einer harmonischen Zukunft (*„Open your eyes, let it begin with me"*) und einer Los-Geht´s-Aufbruchstimmung ausgestattet (*„Brand new day, fresh new way to live, the mornin' is callin', walk with me into the sun"*). Besonders typisch für Carlos Santana, den nimmermüden Freedom Fighter und glühenden Vertreter von Love & Peace, sind schließlich die folgenden Textzeilen: *„I can feel it in my bones, no man stands alone. Sister, Brother, from all the same seed."*

„Everything´s Coming Our Way" ist nur ein Stück unter vielen anderen herausragenden Songs auf „Santana III": ein „major step in the evolution of the life force we call Santana".[39]

Stevie Wonder
„Living For The City"

„**Living For The City**" wurde im Jahr 1973 ver-öffentlicht und gilt als ein Beispiel des Soul und Funk. Der Song wurde von Stevie Wonder komponiert und ist als Titel 3  (Länge 7:23 Min.) auf dem Album „Innervisions" vertreten (Label: Tamla; Produktion: Stevie Wonder)[40].

Stevie Wonder (steviewonder.net) schrieb in den 1970er Jahren Musik, die „zum allerbesten gehör[t], was Funk, Soul und R&B zu bieten haben".[41] Wonder - als Steveland Hardaway Judkins Morris in Saginaw, Michigan, zur Welt gekommen und aufgrund eines medizinischen Fehlers kurz nach der Geburt erblindet - gilt bis dato als einer der bekanntesten amerikanischen Musiker.

Nachdem er mit neun Jahren bereits Klavier, Mund-harmonika und Schlagzeug spielen konnte und 1962 erste Platten aufgenommen hatte (z.B. „The Jazz Soul Of Little Stevie"), entwickelte sich der Multi-Instrumentalist, der verschiedene Spielarten wie Blues, Soul, R&B und Funk mühelos beherrscht, ab Anfang der 1970er Jahre zu einem der erfolgreichsten Sänger, Komponisten und Produzenten weltweit (u.a. Veröffentlichung von über 90 Singles, 23 Studio-Alben, vier Live-Alben und 15 weiteren Alben).

Darüber hinaus wird Stevie Wonder als wichtiger Erneuerer schwarzer Musik und politischer Lieder gesehen, deren Spielarten und Ausdrucksformen er stets fortentwickelt hat.

Im Besonderen die Jahre 1972 bis 1976 gelten mit seinen Alben „Music Of My Mind" (1972), „Talking Book" (1972, mit dem Funk-Superhit „Superstition"), „Innervisions" (1973; Stevie Wonder, Keyboards, Schlagzeug, Gesang; Malcolm Cecil, Scott Edwards, Willie Weeks, Bass; Ralph Hammer, Dean Parks, David Walker, Gitarre; Clarence Bell, Orgel; Larry Latimer, Congas; Sheila Wilkerson, Bongos, Güiro; Yusuf Roahman, Shaker; Lani Groves, Tasha Thomas, Jim Gilstrap, Gesang), „Fulfillingness´ First Finale" (1974) und „Songs In The Key Of Life" (1976) als seine bedeutendste Phase als Künstler. Dafür wurde er mit Preisen wie dem Grammy (25x), Oscar (1x), Golden Globe (1x) und dem Gershwin-Preis ausgezeichnet.

Herausragend ist auch Wonders politisches Engagement für Menschen- und Bürgerrechte, für das er seine Songs auch immer wieder mit entsprechenden sozialen Kommentaren versah (so erreichte er z.B., dass der Geburtstag von Martin Luther King seit 1986 ein Feiertag in den USA ist). Seit 2009 ist Stevie Wonder als UN-Botschafter des Friedens tätig.[42]

„Living For The City" erreichte Platz 8 im Billboard-Hot-100-Chart und Platz 1 im R&B-Chart in den USA. Der Rolling Stone listete den gesellschafts-kritischen Song, der 1974/75 zwei Grammys erhielt, auf Platz 104 in seiner Liste der 500 besten Songs aller Zeiten (2004).

Laut Stevie-Wonder-Biographie von Tenley Willi-ams (2002, Chelsea House Publishers) war das Lied einer der ersten Soul-Hits, der sowohl eine poli-tische Botschaft gegen Rassendiskriminierung und zur Brutalität gegenüber dem schwarzen Amerika als auch ein Sampling von Straßengeräuschen und dem Zuschlagen einer Gefängnistür enthält. Der Song war teilweise von der Erschießung eines zehnjährigen schwarzen Jungen am 28.4.1973 in New York durch einen weißen Polizisten in Zivil inspiriert.

Er erzählt die Geschichte eines umsorgten jun-gen Farbigen („*His parents give him love and af-fection, to keep him strong, moving in the right direction*"), der sich in „*hard time Mississippi*" vergeblich um einen Job bemüht, „*cause where he lives they don't use colored people*".

Da sich seine Eltern viele Stunden lang für sehr wenig Lohn abrackern müssen („*His father works* some days for fourteen hours and you can bet he barely makes a dollar. His Mother goes to scrub the floors for many and you'd best believe she hardly gets a penny"), flüchtet er in die Großstadt New York („The bus for New York City"), um dort sein Glück zu machen.

Dort wird der junge Mann jedoch von skrupellosen Gangstern dazu verleitet, mit Drogen zu handeln („Hey hey brother [...] you look hip man. Hey, you wanna make yourself five bucks, man? [...] Look here, run this across the street for me right quick"). Ohne sich einer Schuld bewusst zu sein („I didn't know, what?"), fliegt er bald auf, wird von der Polizei verhaftet („Okay, turn around, turn around, put your hands behind your back, let's go, let's go") und zu zehn Jahren Gefängnis verurteilt („A jury of your peers having found you guilty, ten years").

Gegen Songende hört man einen Gefängniswärter als Ausdruck eines gefühllosen Rassismus und der herrschenden Ungleichheit brüllen: „Come on, come on, get in that cell, nigger".

Abschließend beklagt Stevie Wonder die kalte, ungerechte Grausamkeit dieser Stadtrealität und plädiert für ein besseres Umgehen miteinander: „If we don't change, the world will soon be over."[43]

Airto Moreira „Parana"

„**Parana**" wurde 1973 veröffentlicht und gilt als ein Beispiel des Fusion Jazz. Der Song wurde von Hugo Fattoruso komponiert. Er ist als Titel 5 (Länge: 6:00 Min.) auf dem Album „Fingers" 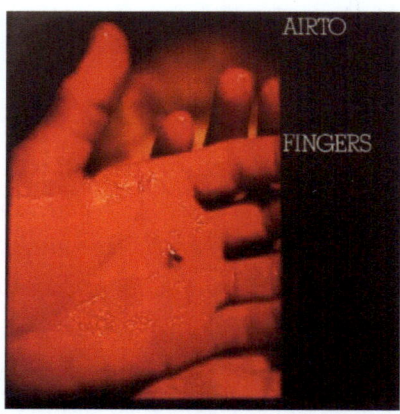 von Airto Moreira vertreten (Label: CTI; Produktion: Creed Taylor).[44]

Airto Guimorvan Moreira (* in Itaiópolis, Südbrasilien) wurde bereits in jungen Jahren professioneller Musiker als Schlagzeuger und Perkussionist – so z.B. ab 1957 in São Paulo als Mitglied der Samba-Jazz-Band Sambalanço Trio. Danach war er Mitbegründer des Quarteto Novo, das weltweit als eine der progressivsten Latin Jazz-Gruppen angesehen wird (encyclopedia.com).

Auf jahrelangen Erkundungsreisen durch Brasilien war der Autodidakt während dieser Zeit außerdem durch die Urwälder Amazoniens, die trockenen Regionen des Nordostens oder die Steppen des Mato Grosso gereist und hatte über 120 verschiedene Perkussion-Instrumente studiert und zusammengetragen.

Ende 1967 emigrierte Airto aus politischen Gründen (in Brasilien herrschte seit 1964 eine verbrecherische Militärdiktatur) zusammen mit seiner Frau und Jazz-Sängerin Flora Purim in die Vereinigten Staaten.

In New York spielte der Brasilianer immer wieder mit verschiedenen Jazzmusikern wie z.B. Joe Zawinul (Keyboards) zusammen, der ihn bald mit dem Jazz-Trompeter Miles Davis bekannt machte. In dessen Band nahm Airto an einigen der wichtigsten Projekte der aufstrebenden Musikrichtung Fusion Jazz teil (z.B. „Bitches Brew", 1970; „Miles Davis at Fillmore East", 1970; „Live-Evil", 1971).

1971 schloss er sich Joe Zawinuls Fusion Jazz-Band Weather Report an und spielte auf ihrem ersten Album „Weather Report" (1971) Perkussion. Anschließend wirkte Moreira bei Chick Coreas Fusion Jazz-Band Return To Forever auf ihren ersten beiden Alben „Return To Forever" (1972) und „Light As A Feather" (1973) als Schlagzeuger und Perkussionist mit.

Anfang der 70er Jahre startete der preisgekrönte Meister-Perkussionist und Sänger auch seine Solo-Karriere mit dem Album „Natural Feelings" (1970). Ihm sollten bis 2023 etliche erfolgreiche Veröffentlichungen und diverse exzellente Alben als musikalischer Partner seiner Frau Flora (zuletzt „Sounds, Dreams & Other Stories. A Celebration: 60 Years"; 2023), ein paar Jahre als Produzent der US-Jazz Fusion-Band Opa sowie einige Aufsehen erregende Alben mit seiner Latin Jazz-Band Fourth World folgen.[45]

Eine großartige Solo-Veröffentlichung war „Fingers" (1973), das Platz 18 im Billboard-Jazz-Album-Chart in den USA erreichte.

Auf Airto Moreiras vierter Soloveröffentlichung - einem Latin Jazz / Fusion Jazz-Album zum wahren Genießen - spielen neben Airto Ringo Thielmann, Bass; Hugo Fattoruso, Tasteninstrumente, Harmonika; Jorge Fattoruso, Schlagzeug (auch Mitglieder von Opa) sowie David Amaro (Gitarre) und Airtos Ehefrau Flora Purim (Gesang, Perkussion).

Dies ist nach Ansicht vieler Musikkenner die beste Band, die Airto Moreira jemals hatte und die auch „Fingers" genannt wurde. Das Resultat ist eine elektrisierende Sammlung von Jazz Fusion-Stücken, bei denen alles stimmt: Sound, Dynamik und klangliche Atmosphäre.

Etwa die Hälfte der mitreißenden Songs auf diesem Album wurden von Hugo Fattoruso beigesteuert. „Parana" – wohl nach dem südbrasilianischen Bundesstaat benannt, dessen Westgrenze der Fluss Paraná darstellt – entwickelte sich gar zu einem Ohrwurm; ein perfektes Musikstück mit hervorragendem Gesangsarrangement und faszinierenden Rhythmen.[46]

1982: In diesem Jahr ist etwas Weltbewegendes passiert. Die ersten Compact Discs sind auf den Markt gekommen, und auch ich erstehe nach einigen Monaten Bedenkzeit meine ersten digitalen Tonträger.

Und zwar von einem lateinamerikanischen Musiker, der mir erstmals aufgrund einer Zusammenarbeit mit Santana im Jahr 1974 (auf dem Album „Borboletta") aufgefallen ist und der mittlerweile weltweite Bekanntheit als stilprägender Jazzmusiker und Meister - Perkussionist erlangt hat.

Ehrfürchtig füttere ich den frisch erworbenen CD-Player mit meiner neuen Errungenschaft und lausche gebannt den faszinierenden Klängen und südamerikanischen Rhythmus-Teppichen auf den Alben „Fingers" und „I´m Fine, How Are You?" (von 1977) des brasilianischen Klangzauberers Airto Moreira.

Während meiner Lateinamerika-Reisen in Costa Rica, Kolumbien oder Venezuela in den kommenden Jahren werden mir Airtos Klanglandschaften des Öfteren in den Sinn kommen, denn seine Musik war eine Inspirationsquelle für diese Reiseaktivitäten und ist so aufregend und bunt wie die Pflanzen- und Tierwelt der tropischen Gefilde unserer Erde.

Mandrill „Hang Loose"

„**Hang Loose**"
wurde im Jahr
1973 veröffent-
licht und gilt als
ein Beispiel des
Funk und Latin
Jazz/-Rock. Der
Song wurde von
Claude „Coffee"
Cave kompo-
niert. Er ist als
Titel 1 auf dem Album „Composite Truth" und als
Titel 12 (Länge: 4:45 Min.) auf der Mandrill-
Doppel-CD „Fencewalk: The Anthology" vertreten
(1997; Label: Polygram; Produktion: s.u.).[47]

Laut Autor Rickey Vincent kreierte die „quintessential fusion
band" Mandrill (Carlos Wilson: Flöte, Posaune, Gitarre, Ge-
sang, Perkussion; Louis Wilson: Trompete, Flügelhorn, Con-
gas, Gesang, Perkussion; Ric Wilson: Saxophon, Gesang, Per-
kussion; Claude Cave: Keyboards, Vibraphon, Perkussion;
Omar Mesa: Gitarre, Perkussion, Gesang; Fudgie Kae:
Bass, Perkussion, Gesang; Charles Padro: Schlagzeug, Per-
kussion) in den frühen 1970er Jahren in New York City

„a bizarre blend of African-based rhythms, sorching rock riffs, country fonk, bob jazz, Latin riffs ...".[48]

Zumindest hinsichtlich der ersten Alben dieser amerikanischen Band (mandrillmusic.com), die von den aus Panama stammenden Brüdern Louis, Carlos und Richard Wilson mit dem Ziel gegründet worden war, Funk-Musik mit lateinamerikanischen Rhythmen, Soul und Jazz zu kombinieren, teilten Musik-Kritik und Plattenkäufer diese Einschätzung. Gleich die beiden ersten Alben „Mandrill" (1971) und „Mandrill Is" (1972) erreichten gute Chartpositionen (ausgekoppelte Single „Hang Loose").

Das dritte Album „Composite Truth" (1973) mit dem Single-Hit „Fencewalk" wurde danach zum größten Erfolg beim Publikum und auch bei Musik-Kritikern, die Mandrill als eine der wichtigsten Funk-Bands der 1970er Jahre bezeichneten. Die verwendeten Latinrock-Elemente der Gruppe wurden in qualitativer Hinsicht mit denen bei Santana und War verglichen.

Weitere erfolgreiche Veröffentlichungen in den 1970er Jahren waren auch „Mandrilland" (1974), „Beast From The East" (1975) und „We Are One" (1977; mit dem Single-Hit „Funky Monkey").

Mandrills Musik ist außerdem auf den Soundtracks einiger Kinofilme vertreten, wie z.B. „The Greatest" (1977, Filmbiographie zu Muhammad Ali) und „The Warriors" (1979). Samples aus Mandrill-Stücken sind später überdies von etlichen Hip-Hop- und Rap-Musikern für ihre Songs verwendet worden, und Prince bezeichnete „Fencewalk" als einen von den tracks, die ihn inspiriert hätten.[49]

Die Doppel-CD „Fencewalk: The Anthology" (1997, Polygram; Produktion: Harry Weinger / Mandrill) ist eine exzellente Zusammenstellung („massive collection of seriously funky 70s-latin-rock-soul-funk tunes"[50]) der besten Songs von Mandrill – einer Band, die zu Unrecht oftmals unterschätzt wird und nach Ansicht vieler auf einer Stufe mit Tower Of Power, War oder Earth, Wind & Fire steht.

„Hang Loose" - ein Feuerwerk bester Funk- und Soulmusik - ist ein gutes Beispiel dafür. Das Lied erreichte in den USA Platz 25 im Billboard-R&B-Single-Chart und Platz 83 im Billboard-Hot-100.

Mit kraftvollem Bläserfunk, einer druckvollen Basslinie und explosiver Perkussion-Arbeit steht er stellvertretend für die große Musikalität und den mitreißenden Latin Jazz / Funk-Rock von Mandrill.

Thematisch geht es um den täglichen Über-lebenskampf von vielen Menschen in Amerika – insbesondere in den benachteiligten städtischen Gebieten (*„People fighting for a dollar. The proof in the street"*). Die Folge sind Konflikte (*„Trying to make ends meet"*), die zu Gewalt und Verbrechen führen. Deshalb tritt der Song für ein friedvolleres

Miteinander-Umgehen ein und plädiert dafür, dass sich die Menschen gegenseitig mehr respektieren („*Hang Loose*" = bleib besser locker).[51]

Anfang der 1990er Jahre führt uns eine meiner schönsten Reisen nach Costa Rica.

Die „reiche Küste" hält dann auch, was der Name verspricht: zwei Ozeane, mächtige Vulkane, die dichten Urwälder und berauschende lateinamerikanische Rhythmen fast an jeder Straßenecke dieses mittelamerikanischen Landes beeindrucken ungeheuer.

Vor allem hat es uns die reichhaltige Tier- und Pflanzenwelt hier angetan: Die Affen in den gewaltigen Baumriesen über uns machen sich über die Fremdlinge lustig, und ein Freund legt sein Vogel- und Pflanzenbestimmungsbuch gar nicht mehr aus der Hand, denn die unglaubliche Artenvielfalt der Tropen ist atemberaubend.

Aus Costa Ricas südlichem Nachbarland Panama stammt die Band Mandrill, deren Begründer einst aus diesem Land in die USA ausgewandert sind und sich nach der Affenart gleichen Namens benannt haben.

Und wie es der Zufall so will – in der costaricanischen Hauptstadt San José geraten wir bei einem Stadtbummel in eine Musikkneipe. Und ich glaube, ich höre nicht recht, aus den Boxen ertönt Mandrills „Cohelo", und viele Paare drehen sich dazu ekstatisch auf der Tanzfläche.

Udo Lindenberg
„Honky Tonky Show"

„**Honky Tonky Show**" wurde 1974 veröffentlicht und gilt als ein Beispiel des Deutsch - Rock. Der Titel wurde von Udo Lindenberg komponiert und ist als Titel 2 (Län-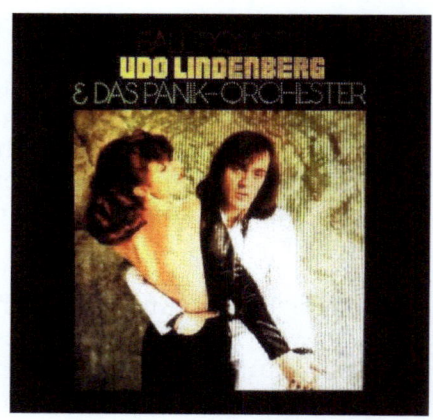ge: 5:26) auf dem Album Udo Lindenberg & Das Panik - Orchester „Ball Pompös" vertreten (Label: Telefunken; Produktion: Thomas Kukuck/Udo Lindenberg).[52]

Der deutsche Rockmusiker und Maler Udo Lindenberg (udo-lindenberg.de) wurde in Gronau/Westfalen geboren. Nach einer kurzen Karriere als Trommler in verschiedenen Bands Ende der 60er Jahre konzentrierte er sich dann in Hamburg vor allem auf das Singen und Schreiben eigener Titel mit deutschen Texten. Von Anfang an pflegte Lindenberg dabei einen eigenen Erzählstil. Seine Lieder sind oftmals in sich geschlossene Geschichten, die in einer nuancierten und metaphernreichen Sprache sowohl von zwischenmenschlichen

*(z. B. Beziehungs- und Drogenprobleme) als auch von gesell-
schaftlichen Themen (z.B. Kriegsgefahr, Umweltprobleme)
handeln. Oftmals treten fiktive Charaktere auf, die sich dem
Ernst des Lebens gegenübersehen. Der Deutschrocker lässt
dabei Protagonisten wie den Geiger Rudi Ratlos (auf „Ball
Pompös"), den Dirigenten Votan Wahnwitz (auf „Votan
Wahnwitz"), den Fußballer Bodo Ballermann (auf „Galaxo
Gang"), Lady Whisky (auf „Dröhnland Symphonie") oder
Harry Hänger (im Song „Coole Socke") entstehen, die
mitunter auch biographische Züge aufweisen.*

*Die ersten Alben „Lindenberg" (1971) und „Daumen im Wind"
(1972) fanden wenig Beachtung, aber die ausgekoppelte
Single „Hoch im Norden" war ein erster größerer Erfolg. Das
1973 veröffentlichte Album „Andrea Doria" mit den Ohr-
würmern „Alles klar auf der Andrea Doria" und „Cello"
brachte den Durchbruch, aus dem bis heute etliche gut
dotierte Plattenverträge für nachfolgende erfolgreiche Alben
hervorgingen, so z.B.: „Ball Pompös", „Galaxo Gang" (1976),
„Dröhnland Symphonie" (1978), „Odyssee" (1983), „Bunte
Republik Deutschland" (1989), „Atlantic Affairs" (2002),
„Stark wie zwei" (2008), „Udo Lindenberg Unplugged" (2011),
„Stärker als die Zeit" (2016) und „Unplugged 2" (2018).*

*Als Lindenberg nach einer Durststrecke in den 90er Jahren mit
Mitte 60 seine beiden erfolgreichsten Alben „Stark wie zwei"
und als 70-jähriger „Stärker als die Zeit" herausbringt, wird er
mehr denn je zur Kultfigur. Seine lange, preisgekrönte
Musikerkarriere (u.a. Verleihung von Echo, Bambi, Goldene
Europa, Goldene Kamera, Carl-Zuckmayer-Medaille, Bundes-
verdienstkreuz), die erfolgreiche späte Malerkarriere, die
Tatsache, dass er durch schwere Zeiten (Alkoholexzesse,
Selbstzweifel) gegangen ist sowie sein großes Comeback mit
Millionen verkaufter Alben machen den Ehrenbürger von
Gronau zum Phänomen und Gesamtkunstwerk.[53]*

„Ball Pompös" (Udo Lindenberg: Gesang, Schlagzeug; Steffi Stephan: Bass; Karl Allaut, Thomas Kretschmer, Helmut Franke: Gitarre; Jean-Jacques Kravetz: Keyboards; Gottfried Böttger: Piano; Dieter Ahrendt: Schlagzeug; u.a.) gilt als Meilenstein deutscher Rockmusik-Geschichte und beinhaltet mit „Johnny Controlletti", „Honky Tonky Show" oder „Cowboy Rocker" etliche Kultsongs.

Sie erzählen „Geschichten zwischen Disco und Tresen" und sind geprägt von „Gossensprache, jugendlichem Straßenslang und respektlos-frechen, losen Sprüchen".[54] Fast alle Themen, die Lindenbergs Karriere kennzeichnen, werden aufgegriffen: Kritik der Spießergesellschaft (z.B. „Leider nur ein Vakuum"), Drogensucht („Riskante Spiele"), Homosexualität („Ich bin von Kopf bis Fuß auf Liebe eingestellt"), Coolness („Bitte keine Love Story") oder Mitgefühl mit Loosern („Rudi Ratlos").[55]

Die schnoddrige Art Udo Lindenbergs, alltägliche Geschichten in einem Rock-Song und im Besonderen in „Honky Tonky Show" zu erzählen, hat mich schon damals unglaublich beeindruckt. Heute weiß ich, dass diese bisher ungehörte Sprache nicht nur mir bei der Ablösung vom Elternhaus viel Selbstvertrauen verschafft hat, denn mir wurde langsam bewusst, dass die vermeintlich heile Welt aus den Schlagerschnulzen meiner Eltern nicht alles sein konnte. Ich hatte das Gefühl, hier spricht jemand in einem Lied zum ersten Mal aus dem echten Leben heraus zu mir in meiner Sprache.

Schlagartig wurde mir bewusst, es gibt auch noch etwas anderes als z.B. Rudi Schurickes „Warum weinst du, kleine Tamara?":

„Wenn die Mütter morgens in der Zeitung lesen, dass wir kommen, kriegen die einen Schock und sie sagen: Oh, [...] geh da bloß nicht hin.

Die spielen doch diesen wilden, animalischen Rock. Die Musik, die die machen, ist chaotisch, nachher findest du das auch noch erotisch. Bitte, geh da nicht hin, tu mir das nicht an, es gibt doch heute Abend auch ein schönes Fernsehprogramm.

Honky Tonky Show und abends läuft die Honky Tonky Show. Die Mutter guckt alleine Krimi oder Quiz und [das Kind] ist da, wo die Action ist. [...]

Honky Tonky Show und abends läuft die Honky Tonky Show. Seit sieben Wochen rollt unsere Show. So eine Tournee macht einen reichlich k.o.

Der Banddoktor sagt: Das ist ja ein Marathonlauf, und er macht seinen Koffer auf und er gibt uns die Sachen, die uns kräftig machen, denn unsere Show will jeder sehen und deshalb muss sie weitergehen."

(Text: Udo Lindenberg)

Frank Zappa „Inca Roads"

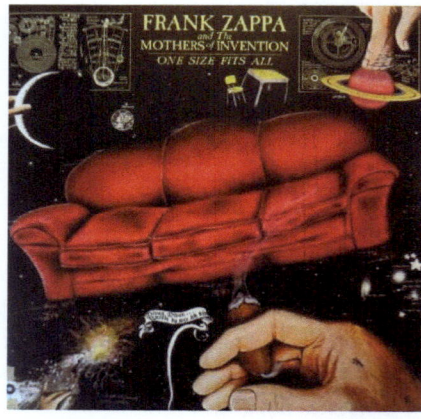

„**Inca Roads**" wurde im Jahr 1975 veröffentlicht und gilt als ein Beispiel des Progressive und Jazz - Rock. Der Song wurde von Frank Zappa komponiert. Er ist als Titel 1 (8:44 Min.) auf dem Album Frank Zappa and The Mothers of Invention „One Size Fits All" vertreten (Label: DiscReet; Produktion: Frank Zappa).[56]

Frank Zappa (zappa.com) war ein amerikanischer Komponist, Arrangeur, Tontechniker und Regisseur und wurde in Baltimore (Maryland, USA) geboren. Schon als junger Mann eignete er sich das Gitarre-, Schlagzeug- und Klavierspielen an, trat in den nächsten Jahrzehnten mit zahlreichen Bands auf (Veröffentlichung von rund 100 Alben insgesamt), schrieb Filmmusik und wurde darüber hinaus als Produzent lokaler Bands bekannt.

Mit der Rockband The Mothers Of Invention und dem Doppelalbum „Freak Out!" (1966) gelang Frank Zappa der

Durchbruch. Die Musik dieser Gruppe (auf „One Size Fits All": Frank Zappa: Gitarre, Gesang; George Duke: Keyboards, Synthesizer, Gesang; Napoleon Murphy Brock: Gesang, Saxophon; Chester Thompson: Schlagzeug; Tom Fowler: Bass; Ruth Underwood: Vibraphon, Marimbaphon, Perkussion; u.a.), die mit Unterbrechungen insgesamt zehn Jahre bestand, zeichnete sich durch viele Rhythmus- und Taktwechsel, verwirrende Beats und Breaks sowie sozialkritische und satirische Texte aus.

Auch ihre verrückte Bühnenshow trug entscheidend zur Entstehung eines Subkultur-Mythos bei. Bis zu ihrer endgültigen Auflösung im Jahr 1976 erschienen weitere bahnbrechende Alben der Mothers Of Invention (= Mothers; z.B. das bereits in Teilen jazzrockige „Uncle Meat", 1969).

Eine erfolgreiche Soloveröffentlichung Zappas war im Jahr 1969 das Album „Hot Rats", das als eines der ersten Jazzrock-Alben überhaupt gilt.

Die folgenden Solo-Alben „Chunga´s Revenge" (1970), „Waka / Jawaka" (1972), „The Grand Wazoo" (1972), „Over-Nite Sensation" (1973), „Apostrophe" (1974) und „One Size Fits All" (1975), die zum Teil auch mit den Mothers entstanden, kombinierten Jazzrock, Funk und Rock´n´Roll derartig gut, dass Spitzenplatzierungen in den Charts erreicht wurden.

Nachdem die Mothers aufgelöst worden waren, verfolgte Frank Zappa († 1993) verschiedene andere Musikprojekte, für die er zahlreiche Auszeichnungen erhielt: z.B. Grammy-Verleihung für das Album „Jazz From Hell" (1986); Verleihung Lifetime Achievement Award in den 1990er Jahren; Silberne, Goldene und Diamantene Schallplatten für Hunderttausende verkaufter Alben.[57]

„Inca Roads" gehört zu den am meisten geschätzten Stücken Frank Zappas. Das Lied ist ein Musterbeispiel für Zappas Fähigkeit, eingängige Songs mit gleichzeitig komplexen Strukturen zu komponieren. Das britische Prog-Magazin für Progressive Rockmusik listete „Inca Roads" im Jahr 2018 auf Platz 100 in der Liste „Die 100 besten Prog-Songs aller Zeiten."[58]

Die Entstehung des Songs Anfang der 1970er Jahre scheint in gewissem Maße von einer damaligen Bücherflut zur sogenannten Prä-Astronautik beeinflusst worden zu sein. Deren Autoren (z.B. der Schweizer Erich von Däniken mit „Raumfahrt im Altertum") sind der Auffassung, dass Außerirdische die Erde in der Frühzeit der Menschheit auf verschiedenen Kontinenten besucht und die menschliche Entwicklung beeinflusst hätten.[59]

In diesem Zusammenhang ist der Liedtext nicht so absurd, wie er auf den ersten Blick erscheinen mag. Zunächst geht es um ein UFO, das angeblich in Südamerika gelandet ist: *„Did a vehicle come from somewhere out there. Just to land in the Andes?"* [...] *„Fly along the mountains and find a place to park itself"*. Die Außerirdischen treffen schließlich auf die Inka-Zivilisation (*„Did the Indians, first on the bill carve up the hill"*).

Im weiteren Verlauf des Songs wird deutlich, dass der Text wohl nicht ernst gemeint ist und das Sich-darüber-lustig-Machen dominiert: *„Did a booger-bear* [= Popelbär] *come from somewhere out there, just to land in the Andes?"*

1979: Einige Bekannte, die mir die Welt des Jazz-Rock mit eröffnet haben, überreden mich, mit ihnen ein Konzert von Frank Zappa zu besuchen – damals eine der umstrittendsten Figuren in der Rockgeschichte.

Viel Überredungskunst ist allerdings nicht nötig, denn dieser Musiker besitzt in diesen Jahren eine große Anziehungskraft, da er eigenwillig, musikalisch genial und nonkonformistisch ist und als Gitarren-Virtuose gilt. Das Konzert ist grandios und bietet unterschiedlichste Stilrichtungen und Songs, die von der Band in meisterlicher Weise interpretiert werden. Sie spielen z.B. „Andy", „King Kong", „Inca Roads", „Dirty Love", „Florentine Pogen" und „Cosmik Debris".

Eine Situation während der Show ist mir in besonderer Erinnerung geblieben: Ein Besucher versucht zu stören und auf die Bühne zu klettern, woraufhin das Konzert gestoppt wird und die Roadies den Störer auf Anweisung entfernen. Danach gibt der cool gebliebene Frank Zappa ein Zeichen, und die Band spielt exakt an der Stelle weiter, wo sie zuvor unterbrochen hat. Wir sind alle ganz baff und von dieser Perfektion unheimlich beeindruckt.

Bob Marley „Running Away"

„**Running Away**" wurde im Jahr 1978 veröffentlicht. Dieser Reggae - Song wurde von Bob Marley komponiert. Er ist als Titel 9 (Länge: 4:15 Min.) auf dem Album Bob Marley & The Wailers „Kaya" vertreten (Label: Tuff Gong / Island; Produktion: Bob Marley & The Wailers, Chris Blackwell).[60]

Der jamaikanische Sänger, Gitarrist und Songwriter Bob Marley wurde in Nine Miles - im Norden der Karibikinsel - in ärmlichen Verhältnissen geboren (bobmarley.com).

Bob Marley war von der Musik der amerikanischen Radiosender begeistert, lernte über dieses gemeinsame Interesse seine Freunde Bunny Wailer und Peter Tosh kennen und gründete mit ihnen im Jahr 1963 The Teenagers (später bekannt als The Wailing Wailers und ab 1974 ohne Bunny Wailer und Peter Tosh The Wailers). Gemeinsam entwickelten sie den lokalen, schnellen und tanzbaren Musikstil

Ska durch Hinzunahme afrikanisch geprägter jamaikanischer Volksmusik zu einem neuen Musikstil: der Reggae war geboren und sollte in der Folgezeit einen Siegeszug um die Welt antreten.

Marley konvertierte im Jahr 1967 vom Christentum zur Rastafari-Religion, die vor allem den Kampf gegen die Unterdrückung der Farbigen und politische Gewalt führen will. In seinen Song-Texten dominierten fortan politische, sozialkritische und religiöse Themen.

Auf die ersten Studioalben „The Wailing Wailers" (1965), „Soul Rebels" (1970), „Soul Revolution" (1971) und „African Herbsman" (1972) folgten „Catch A Fire" (1973) und „Burnin´" (1973), die mit Songs wie „Stir It Up" und „I Shot The Sheriff" weltweiten Durchbruch brachten und Bob Marley zum internationalen Star werden ließen.

Nachdem bei der Produktion von „Nutty Dread" mit dem Hit „No Woman No Cry" (1974) Streitigkeiten entstanden waren, verließen Wailer und Tosh die Band und starteten erfolgreiche Solokarrieren. Anfang 1976 wurde „Rastaman Vibration" herausgebracht.

Die in London erschienenen Alben „Exodus" (1977), „Kaya" (1978; erreichte in UK die Top five der Albumcharts), „Survival" (1979) und „Uprising" (1980) verkauften sich danach jeweils millionenfach und erhielten zahlreiche Goldene und Platin-Auszeichnungen. Sie enthalten Hits wie „One Love", „Jamming", „Is This Love", „So Much Trouble In The World" und „Could You Be Loved".

1994 wurde Bob Marley († 1981) posthum in die Rock and Roll Hall of Fame aufgenommen. Er hat bis zum heutigen Tag mehr als 80 Millionen Alben verkauft.[61]

Das Roots-Reggae-Album „Kaya" (Bob Marley: Gesang, Gitarre, Perkussion; Aston Barrett: Bass, Perkussion; Carlton Barrett: Schlagzeug, Perkussion; Tyrone Downie: Keyboards, Perkussion; Alvin Patterson: Perkussion; Julian Marvin: Gitarre; Rita Marley, Marcia Griffiths, Judy Mowatt: Gesang) hat einen sehr entspannten Sound, weil die Songs hauptsächlich vom Konsumieren von Marihuana und der Liebe im Allgemeinen handeln.[62]

„Running Away" befasst sich noch mit einem anderen Aspekt und enthält dazu eine durchaus tiefgründige Aussage: Auch wenn man etwas falsch gemacht hat, könnte man zwar weglaufen (*„And you running away"*), aber letztlich nicht vor sich selbst (*„But you can't runaway from yourself"*).

Man wird seine Fehler (*„You must have done something wrong"*; *„Something you don't want nobody to know"*) trotz Bemühung um Verdrängung in Erinnerung behalten, so dass sie immer gegenwärtig sein werden. Also sollte man sich besser seinen Problemen stellen (*„Why you can't find the place where you belong"*), um danach Verantwortung für seine falsche Verhaltensweise übernehmen zu können (*„It's better to live on the housetop, than to live in a house full of confusion"*; *„I am not running away."*).

1982: Ich bin mit einigen befreundeten Kommilitonen zu einer großen Friedensdemonstration am Regierungssitz in Bonn aufgebrochen, wo wir gegen die Stationierung amerikanischer und russischer Atomraketen in Europa demonstrieren wollen.

Zu der Versammlung finden sich rund eine halbe Million Menschen in den rechtsrheinischen Rheinauen zusammen, die dazu durch den Aufruf verschiedener Organisationen inspiriert worden sind. Sie wird später als ein Baustein für den Abrüstungsprozess in den 1980er Jahren gesehen werden.

Die Anreise erfolgt mit unzähligen Bussen, für die teilweise Autobahnteilstücke gesperrt werden, so dass wir zu Fuß eine längere Strecke zurücklegen müssen, um zum Ort der Kundgebung zu gelangen.

Dort sind anfangs einige Protestsongs („Get Up, Stand Up", „Redemption Song", „Them Belly Full (But We Hungry)", „Revolution", „Crazy Baldhead") von Bob Marley zu hören - als einer der wichtigsten Künstler der zeitgenössischen Musikgeschichte, der für unzählige Menschen auf der Welt für alle Zeiten ein Vorbild im Kampf für Frieden und Freiheit darstellt.

Earth, Wind & Fire „September"

„**September**" wurde im Jahr 1978 veröffentlicht. Der Funk-Song ist von Al McKay, Maurice White und Allee Willis komponiert worden und als Titel 9 (3:36 Min.) auf

dem Album „Let´s Groove – The Best Of Earth, Wind & Fire" vertreten (1996; Label: Columbia; Produktion: Maurice White).[63]

In der Musiktheorie werden Earth, Wind & Fire bevorzugt zu den United Funk Bands gezählt. Im Jahr 1969 von Maurice White (Gesang, Schlagzeug) und Verdine White (Bass) in Chicago gegründet, waren Earth, Wind & Fire anfangs eine Pop - Band - aus Jazzmusikern bestehend -, die es damals quasi an jeder Straßenecke gab.

Aber insbesondere Maurice White hatte größere Ambitionen und vermischte afrikanische Soundelemente (wie das Dau-

menklavier Kalimba) sowie andere exotische Klangzutaten immer wieder variiert mit Funk-, Latin- und Pop-Rhythmen, um „aus dem Zusammenspiel von Rock, Jazz und Gospel [...] eine neue Musik entstehen" zu lassen, die der Bandleader „White Spectrum Music" nannte[64].

Nachdem aber die ersten beiden Alben nur mäßigen Erfolg gehabt hatten, kam es zu Umstrukturierungen und ab 1972 in neuer Besetzung (neben Maurice und Verdine White mit Philip Bailey, Gesang; Ralph Johnson, Schlagzeug, Perkussion, Gesang; Larry Dunn, Tasteninstrumente; Al McKay, Gitarre; Louis Satterfield, Posaune; Michael Harris, Trompete; Rhamlee Michael Davis, Trompete, und Don Myrick, Saxophon) zum großen Erfolg mit mehreren Grammys, Goldenen und Platin-Auszeichnungen zuhauf und bis dato mehr als 50 Mio. verkauften Platten.

Mit einer Mischung aus Jazz, Funk und Balladen hatte die Band spätestens mit den Alben „Open Our Eyes" (1974) und „That's The Way Of The World" (1975) den Durchbruch geschafft und erreichte danach auch mit dem Album „Gratitude" (1975) und rd. 20 weiteren Alben Spitzenplätze in den Charts.

Auf ihren ausgedehnten Welttourneen präsentieren Earth, Wind & Fire (earthwindandfire.com) bis in die heutige Zeit hinein ein gewaltiges Hit-Feuerwerk mit vielen elektrisierenden Funk-Stücken wie z.B. „Mighty Mighty" (von 1974), „Sing A Song", „Africano" (beide 1975), „Getaway", „Saturday Nite" (beide 1976), „Jupiter", „Magic Mind", „Serpentine Fire" (alle 1977) oder „September" (1978) – jeweils unterstützt durch eine exquisite Bühnenshow.[65]

„September" (Maurice White: Gesang; Philip Bailey: Gesang, Congas; Verdine White: Bass; Johnny Graham: Gitarre; Al McKay: Gitarre; Larry Dunn: Keyboards; Ralph Johnson: Schlagzeug, Perkussion; Fred White: Schlagzeug; Rahmlee Michael Davis: Trompete; Michael Harris: Trompete; Louis Satterfield: Posaune; Andrew Woolfolk: Saxophon) war kommerziell äußerst erfolgreich.

Der Song gilt als fröhliche Musik und der Liedtext basiert auf einer sehr positiven Lebenseinstellung der Musiker von Earth, Wind & Fire (*„Now December found a love we shared in September. Only blue talk and love, remember the true love we share today"*). Er verkaufte sich millionenfach, erreichte u.a. Platz 1 der US-Billboard-Hot-R&B-Songs und Platz 3 im UK Single Chart. Im Jahr 2018 wurde er in den USA in das National Recording Registry der Library of Congress in die Liste von Tonaufnahmen aufgenommen, die „kulturell, historisch oder ästhetisch wichtig" sind.

Hinsichtlich der Bedeutung der Textzeile *„Do you remember the 21st night of September?"* äußerte sich Maurice White, dass die genannte Nacht keine wirkliche Bedeutung habe, sondern ausgewählt worden sei, weil sie sich phonetisch so gut singen lasse. Laut einer späteren Aussage von Whites Witwe sei der 21. September der Geburtstermin für ihren Sohn gewesen und von ihrem Mann als geheime Botschaft in den Song eingefügt worden. Seit seinem Single-Debüt hat das Lied den 21. September seitdem gar in einen inoffiziellen Feiertag verwandelt, der in den USA scherzhaft „Earth, Wind & Fire Day" genannt wird.[66]

2008: Ich glaube, ich träume: Earth, Wind & Fire kommen nach Bremen, und wir werden die Funk-Legenden dort erleben dürfen.

Die zwölf Musiker verwandeln die Konzerthalle mit ihrer unvergleichlichen und zeitlosen Mischung aus Soul, Funk und afrikanischen Klängen dann tatsächlich bald in einen riesigen Tanzschuppen für die Fans.

Der Bass wummert von Anfang an: Verdine White gehört mit Ralph Johnson (Perkussion) und Philip Bailey (seine Stimme umfasst vier Oktaven) auch an diesem Abend zu den tonangebenden Musikern bei Earth, Wind & Fire. Dazu diese knackigen Bläsersätze! Es zündet ein gewaltiges Hit-Feuerwerk, bei dem wir gar nicht sitzen bleiben können: „Serpentine Fire", „Boogie Wonderland", „Let´s groove", um nur einige zu nennen. Dann erklingt es aus tausenden von Kehlen:

„And we´ll say ba-dee-ya, say, do you remember? Ba-dee-ya, dancin´ in September! Ba-dee-ya. Golden dreams were shiny days. Ba-dee-ya, dee-ya, dee-ya."

Neil Young & Crazy Horse „Powderfinger"

„**Powderfinger**" wurde im Jahr 1979 veröffentlicht und gilt als ein Rock - Song. Das Lied wurde von Neil Young komponiert. Es ist als Titel 6 (Länge: 5:30) auf dem Album Neil Young & Crazy Horse „Rust Never Sleeps" vertreten (Label: Reprise; Produktion: David Briggs, Tim Mulligan, Neil Young).[67]

Die musikalische Arbeit des kanadischen Musikers und Singer-/Songwriters Neil Young (neil-young.com) umfasst verschiedene Genres, wie Rock-, Country- und Folkmusik. Textlich überrascht der Nonkonformist immer wieder mit sozialen und politischen Bezügen. Neil Young tritt mit der Band Crazy Horse, als Solokünstler und mit vielen anderen Musikern auf, so z.B. mit Promise of the Real.

Nachdem mit „Neil Young" (1968) ein erstes Soloalbum erschienen war, kam es auf „Everybody Knows This Is Now-

here" (1969) und „After The Gold Rush" (1970) zur äußerst erfolgreichen Zusammenarbeit Youngs mit der Rock-Gruppe Crazy Horse (benannt nach einem Indianerhäuptling), die ihn seitdem immer wieder begleiten sollte. Immer im Wechsel mit Soloalben Youngs folgten die Crazy Horse-Alben „Zuma" (1975), „American Stars n´Bars" (1977) und vor allem „Rust Never Sleeps" (1979), das mit „My My, Hey Hey (Out Of The Blue)" die Hymne enthält, die Neil Young zusammen mit „Heart of Gold" musikalische Unsterblichkeit verliehen hat.

Nach einer Phase des Experimentierens in Country- und sogar elektronischen Gefilden in den 80er Jahren veröffentlichte Young mit seiner Hausband Crazy Horse danach wieder einige erfolgreiche rockige Alben: z.B. „Ragged Glory" (1990), „Weld" (live, 1991), „Broken Arrows" (1996) und „Year of the Horse" (live, 1997). Einige der stärksten Werke von Neil Young & Crazy Horse kamen im Jahr 2006 mit „Live at Fillmore East" (Livekonzert von 1970) sowie danach mit „Americana" (2012) und „Psychedelic Pill" (2012) heraus. Mit den Alben „Colorado" (2019), „Way Down In The Rust Bucket" (live, 2020), „Barn" (2021), „Toast" (2022), „World Record" (2022) und „All Roads Lead Home" (2023) blickte man dann auf eine Karriere zurück, die mehr als 50 Jahre umfasst.

Laut New York Times ist Neil Young - neben Bob Dylan - der wichtigste Rockmusiker, den Nordamerika hervorgebracht hat. Im Verlauf seiner Karriere hat er viele Mio. Alben verkauft und wurde 1995 in die Rock and Roll Hall of Fame aufgenommen.[68]

„Powderfinger" (Neil Young: Gitarre, Gesang; Billy Talbot: Bass; Frank Sampedro: Gitarre; Ralph Molina: Schlagzeug) wurde 2014 im Rolling-Stone-

Sonderheft Neil Young als sein bestes Lied benannt, und auf der Liste der 500 besten Songs aller Zeiten steht es auf Platz 450.

Im Songtext wird die Geschichte eines 22-jährigen Mannes erzählt, der allein zu Hause an einem Fluss ist, als ein Kanonenboot herannaht (*„There's a white boat comin' up the river"*, *„It's got numbers on the side and a gun"*, *„Daddy's gone and my brother's out huntin' in the mountains"*). Weil er der Meinung ist, sich verteidigen zu müssen (*„'cause it don't look like they're here to deliver the mail"*), greift er nach dem Gewehr seines abwesenden Vaters (*„Daddy's rifle in my hand felt reassurin'"*). Der junge Mann zielt, drückt mit seinem Finger ab, so dass Pulvergeruch entsteht (*„Powderfinger"*), wird aber getötet (*„Then I saw black and my face splashed in the sky"*).

Da eine eindeutige textanalytische Stellungnahme Youngs zu „Powderfinger" fehlt, wird die vorliegende Handlung von einigen Autoren im amerikanischen Bürgerkrieg verortet. Andere sehen als Hauptthema „den tragischen und verschwenderischen Verlust der Jugend durch Konflikte zwischen Ländern und ihren Führern". Generell geht es um eine gewalttätige Welt mit einem Protagonisten in seinem einsamen Kampf und um Sterblichkeit .[69]

2013: Ich warte mit einem Freund zusammen schon lange auf die Gelegenheit, Neil Young und seine legendäre Garagenband Crazy Horse einmal live sehen zu können, und in diesem Jahr soll es auf der Waldbühne Berlin endlich gelingen.

Nach Konzertbeginn rücken die Musiker auf der Bühne auf eine geradezu spirituelle Weise eng zusammen und zelebrieren ihren mächtigen Rocksound für die rund 20.000 Besucher. Kunstvolle Riffs aus den Gitarren Youngs und Poncho Sampedros verweisen mit Billy Talbots fettem Bass, Frank Molinas kraftstrotzendem Schlagzeug und Neil Youngs gefühlvoller Stimme auf eine Zeit, als Musik noch nicht in MP3-Häppchen serviert wurde, sondern lange Geschichten erzählte.

Mehr braucht es nicht: die Waldbühne erbebt und die Freude ist riesengroß! Mit „Love And Only Love" (von „Ragged Glory") geht es über die endlosen amerikanischen Landschaften. „Walk Like A Giant" („Psychedelic Pill"), „Powderfinger", „Cinnamon Girl" („Everybody Knows This Is Nowhere") und „Fuckin´ Up" („Ragged Glory") kommen mit ihrem stampfenden Rhythmus und tiefsinnigen Texten auf eine Weise daher, die große Suchtgefahr auslöst.

Und natürlich spielen sie sie auch, die definitive Hymne an den unsterblichen Rock´n´Roll: „Hey Hey, My My" (von „Rust Never Sleeps"). Wir sind völlig hingerissen und applaudieren begeistert. Dann greift Neil Young zur Akustischen, intoniert die Jahrhundertballade „Heart of Gold" („Harvest"), und dann ist ein beeindruckendes Raunen der Konzert-Besucher zu hören.

Santana „Stay (Beside Me)"

„Stay (Beside Me)" wurde im Jahr 1979 veröffentlicht. Dieser Latin Rock - Song wurde von Carlos Santana komponiert. Er ist als Titel 10 (3:50 Min.) auf dem Album  „Marathon" vertreten (Label: Columbia; Produktion: Keith Olsen, David DeVore, Santana).

„Marathon" (Carlos Santana: Gitarre; Alex Ligertwood: Rhythmusgitarre, Gesang; David Margen: Bass; Graham Lear: Schlagzeug; Alan Pasqua: Keyboards; Raul Rekow: Congas, Perkussion; Armando Peraza: Timbales, Perkussion; Chris Solberg: Gitarre) ist das 11. Studio-Album Santanas. Mit „You Know That I Love You" enthält es einen damaligen Top-40-Hit.[70]

Insgesamt ist „Marathon" ein ansprechendes Album. Es steht sicher nicht auf dem hohen Level von „Santana I" (1969), „Abraxas" (1970) oder „Santana III" (1971) und ist auch schwerlich mit den Fusion-Alben „Caravanserai" (1972), „Welcome" (1973) oder „Borboletta" (1974) vergleichbar.

Jedoch lässt sich Carlos Santanas Gitarrenspiel und der Einsatz von Perkussion in einigen Songs dieses Albums, das eine Mischung aus R&B, Progressive und Power Rock aufweist und recht flott daherkommt, weiterhin sehr genießen.

Seit 1979 neu bei Santana dabei ist die eindrucksvolle Soul-Stimme des Schotten Alexander Ligertwood, der zuvor z.B. mit Brian Auger, John Mayall, David Sancious und Narada Michael Walden gearbeitet hatte.

In dem Song „Stay (Beside Me)" fleht er seine Geliebte (*„Your love's coming down like a gentle rain"*) oder Ehefrau an, ihn nicht zu verlassen (*„Stay beside me, don't go away"*; *„Take me, I belong to only you"*).

Wenn sie ihn verließe, würde er viel Lebenskraft verlieren und sehr enttäuscht sein (*„'Cause if you leave me, I will lose my inspiration. I don't wanna be another victim of frustration"*). Nur sie sei die Einzige, die ihm Orientierung geben könne (*„I need your love so I can see"*; *„Stay, please guide me"*).

George Duke
„Brazilian Love Affair"

„**Brazilian Love Affair**" wurde 1980 veröffentlicht. Der Jazz-Funk-Song wurde von George Duke komponiert. Er ist als Titel 1 (7:22) auf dem Album „A Brazilian Love

Affair" vertreten (Label: Epic; Produktion: George Duke).[71]

Der US-amerikanische Keyboarder, Sänger und Produzent George Duke (georgeduke.com) wurde in San Rafael, Kalifornien, geboren und schaffte es im Verlauf seiner langen Karriere auf seinen Solo-Alben und als Produzent für viele andere Künstler mühelos, Jazz-Elemente mit Funk, Soul, Blues und Rock auf einzigartige Weise zu verschmelzen.

Schon während seines Musikstudiums (Posaune, Kontrabass, Komposition) am Konservatorium von San Francisco spielte George Duke zusammen mit Al Jarreau in der Hausband des

Half-Note-Clubs Klavier – stark beeinflusst von der Musik von Miles Davis und dem Soul-Jazz-Sound von Les McCann oder Cal Tjader.

Musikalische Zusammenarbeit neben der kongenialen Mitwirkung bei Frank Zappas Mothers of Invention (von 1970 bis 1975) gab es schon in jungen Jahren u.a. mit Cannonball Adderley, Stanley Clarke, Billy Cobham, Miles Davis, Dizzy Gillespie, Bobby Hutcherson, Alphonso Johnson, Jean-Luc Ponty, John Scofield, Raul de Souza und Michael Jackson.

In regelmäßigen Abständen veröffentlichte das Multi-Talent erstklassige Alben, wie z.B. „The Aura Will Prevail" (1974), „I Love The Blues" (1975), „Liberated Fantasies" (1976), „Reach For It" (1977), „Don´t Let Go" (1978), „Follow The Rainbow" (1979), „Brazilian Love Affair" (1980), „Dream On" (1982), „Rendezvous" (1984), „Night After Night" (1987), „Snapshot" (1992), „Illusions" (1995), „Is Love Enough?" (1997), „After Hours" (1998), „Cool" (2000), „Face The Music" (2003), „Duke" (2005), „In A Mellow Tone" (2006), „Dukey Treats" (2008), „Déjà Vu" (2010) und „Dreamweaver" (2013).

George Dukes Produktionen genießen Kultstatus und erhielten jede Menge Goldene/Platin-Schallplatten sowie Awards- und Grammy-Nominierungen. Kommerziell besonders erfolgreich waren dabei die funkigen Alben „Reach For It", „Don´t Let Go", „Follow The Rainbow" und „Dream On".

Das Crossover-Album „Brazilian Love Affair" und das erste unter dem eigenen Label BPM (Big Piano Music) produzierte Fusion-Album „Face The Music" werden zu Dukes († 2013) wichtigsten Werken gezählt und begeistern bis heute ein breites Publikum weit über die Jazzszene hinaus.[72]

Mit „Brazilian Love Affair" (George Duke: Keyboards, Synthesizer, Gesang; Byron Miller: Bass; Roland Bautista: Gitarre; Ricky Lawson: Schlagzeug; Airto Moreira: Perkussion) verwirklichte Duke eine Herzensangelegenheit.

Denn er hatte schon immer vorgehabt, nach Südamerika zu gehen, dort großartige, lebensfrohe und in sich ruhende Menschen mit ihren Liedern kennenzulernen und brasilianische Rhythmen aufzunehmen: „Ich liebe Brasilien! Es liegt wirklich Musik in der Luft. Mir scheint, die Menschen atmen Musik und nicht Luft."[73]

Viele Passagen des Songtextes sind Ausdruck dieser Beobachtungen und des dortigen Lebensgefühls: *„In the morning on the beach there people gather to meet the sunshine. With open arms reaching for heaven with open hearts and open minds."* [...] *„Time keeps passing but no one cares. Life for living is the thing there. Be yourself, be free. In Bahia and in Rio, in São Paulo, in Brasilia."*

Das Album „A Brazilian Love Affair" erreichte in den USA Platz 119 im Billboard-200-Chart und Platz 40 im Top R&B/Hip-Hop-Albumchart. Im UK-Albumchart listete es auf Platz 33 und der Titelsong auf Platz 36.[74]

Mitte der 1970er Jahre bin ich einer der Nach-wuchs-Pianisten während eines Konzertabends im Künstlerhaus Hannover. Dargeboten werden u.a. Stücke von Bach, Chopin, Haydn, Hummel, Mozart und George Duke.

George Duke? Diesen Namen habe ich bis dahin noch nie gehört, aber spätere Recherchen eröffnen mir ab diesem Moment einen neuen Kosmos voller großartiger Musik eines genialen Tastenvirtuosen des Fusion Jazz.

Dem legendären Keyboarder, Sänger, Komponis-ten und Produzenten gelingt es während seiner langen Karriere wie kaum einem zweiten, Jazz, Rock, Soul und Funkelemente miteinander zu ver-knüpfen und weltweit Millionen von Fans – weit über die Jazzszene hinaus – zu begeistern.

Von dem Ausnahmekönner George Duke aus-gehend, habe ich in den folgenden Jahren in den verschiedenen Spielarten des Jazz Musik ent-decken können, die aufregend, vielgestaltig und zeitlos ist.

Herbie Hancock
„Saturday Night"

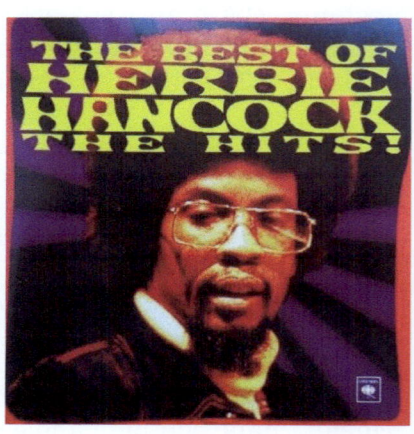

„**Saturday Night**" wurde 1981 ver- öffentlicht. Der Jazz - Funk - Song wurde von David Rubinson, Jeffrey Cohen u. Herbie Hancock kompo- niert. Er ist als Titel 7 (7:13) auf dem Album „The Best Of Herbie Hancock – The Hits" vertreten (1999; Label: Columbia; Produktion: David Rubin- son, Herbie Hancock).[75]

Eine der großen Musiker-Karrieren deutete sich zu Beginn der 1950er Jahre bereits an, als die Klavierlehrerin des elfjährigen Herbert „Herbie" Hancock (*in Chicago, Illinois) diesen zu ei- nem Wettbewerb für Nachwuchs-Pianisten angemeldet hat- te, den er siegreich beendete. Als Hauptpreis ergab sich danach die überragende Möglichkeit, zusammen mit dem weltberühmten Chicago Symphony Orchestra aufzutreten. Lauter konnte der Startschuss für eine große Karriere kaum sein, und nach einem Studium mit Abschluss in Komposition und Elektrotechnik begann Herbie Hancock seine professionelle Laufbahn als Jazz-Musiker bereits 1960 in der Band des Trompeters Donald Byrd. Im Jahr 1962 erschien sein Soul-Jazz-Debüt-Album „Takin´ Off" (Blue Note), das bereits den ersten Megahit „Watermelon Man" enthielt und eine weltweite Karriere auslösen sollte.

Es folgten weitere erfolgreiche Veröffentlichungen als Solo-Künstler und Sideman für viele andere Musiker, von 1963 bis 1969 die einflussreiche Beteiligung am zweiten Miles-Davis-Quintett als E-Pianist (z.B. auf „Miles Smiles", 1967) und 1969 die Gründung eines eigenen Sextetts, das mit einer raffinierten Mixtur aus Jazz und Rock unter Einsatz elektronischer Instrumente auf sich aufmerksam machte (z.B. auf „Sextant", 1972).

Herbie Hancocks großes Interesse an Funk-Musik (insbesondere von James Brown und Sly Stone) führte ab 1973 zur Begründung seiner Jazz-Funk-Band „The Headhunters". Ihr erstes Album „Head Hunters" enthielt das weltweit erfolgreiche „Chameleon" und erhielt als erstes Jazz-Album überhaupt eine Platin-Auszeichnung. Es machte den Tastenvirtuosen aufgrund der Verkaufszahlen zum Superstar, der auf seinen Tourneen nun auch in großen Konzerthallen auftreten konnte und dies bis heute als über 80-Jähriger praktiziert. Weitere angesagte Alben Hancocks aus seiner Jazz-Funk-Zeit (herbiehancock.com) waren „Thrust" (1974), „Man-Child" (1975), „Secrets" (1976) und „Mr. Hands" (mit Jaco Pastorius, 1980).[76]

„Saturday Night" (Herbie Hancock: Keyboards, Synthesizer, Gesang; Carlos Santana, Randy Hansen, Wah Wah Watson: Gitarre; Freddie Washington: Bass; Alphonse Mouzon: Schlagzeug; Sheila Escovedo: Schlagzeug, Perkussion; Greg Walker: Gesang; u.a.) wurde erstmalig auf „Monster", dem 23. Album von Herbie Hancock, veröffentlicht, das eine Mischung aus gut tanzbaren Disco-Funk-Stücken enthält.

Dementsprechend verspricht der Songtext von „Saturday Night", dass alle Probleme verschwinden werden (*„All of our troubles just fade away"*), wenn die [Arbeits]-Woche überstanden ist (*„One more week, nine to five"*). Dann ist es endlich Samstag (*„Then Saturday finally arrives"*), die Musik beginnt zu spielen (*„The music is starting to play"*) und man kann auf einer Party viel Spaß haben (*„Saturday night is made for a party. Saturday night we're gonna have a ball."*).

Das Stück besticht durch die Perkussion-Arbeit von Sheila Escovedo und das Mitwirken von Carlos Santana mit seinem typischen Gitarrensound und einem packenden Solo-Duell mit Herbie Hancock: „16 or so bars into a sweet Latin Hustle groove, the bass guitar breaks into a repeating „Shake Your Body (Down to the Ground)" rhythm abstract. Three beats later, Herb´s right hand counters with a cycle of montuno riffs that explode in short bursts throughout Greg Walker´s smoove solo. As the third chorus fades away, Carlos Santana gooses the groove with a coupla patented one-note sustain modu-lations, then rocks all the way up´ n´ out with a stankin´ flurry of stinging chord clusters. Dead on it, Hancock´s multi-keyboards go buckwhylin´ with some mambo caliente."[77]

2019: Etwas lange Ersehntes ist wahr geworden – ich habe die Jazz-Funk-Legende Herbie Hancock mit seiner Band in Bielefeld zum ersten Mal in meinem Leben und dann noch in Reihe 4, die sich vor Ort als Reihe 1 herausstellt, erleben dürfen. Im sechsten Jahrzehnt seiner Karriere weilt diese äußerst vielseitige und wandlungsfähige Persön-lichkeit des modernen Jazz mit stolzen 79 Lebens-jahren und neuer Band erstmalig in Ostwestfalen. Hancock wird bei seinem Auftritt in der aus-verkauften Konzerthalle von Musikern mit Welt-klasse-Format begleitet (Lionel Loueke: Gitarre, Gesang; Elena Pinderhughes: Querflöte; James Genus: Bass; Justin Tyson: Schlagzeug).

Herbie Hancock wirkt alterslos und vital. Er sitzt anfangs am Klavier, um später ständig zwischen Synthesizer und Klavier hin und her zu wechseln. Nach einer ausgiebigen Vorstellungsrunde durch den Altmeister folgen Stücke wie z.B. „Butterfly", „Actual Proof" und „Cantaloupe Island", die je-weils begeisterten Applaus erhalten. Zur Zugabe greift sich Herbie Hancock die Keytar (Keyboard zum Umhängen) und unter dem Jubel der Jazz-fans ertönt er dann noch: der Welthit und Jazz-Funk-Knaller „Chameleon".

Karat „Der blaue Planet"

„Der blaue Planet" wurde 1982 veröffentlicht. Der Rock-Song wurde von Norbert Kaiser und Ulrich Swillms komponiert. Er ist z.B. als Titel 8 (6:41) auf der CD 2 des Doppel - Albums  „40 Jahre Karat – Live von der Waldbühne Berlin" vertreten (2015; Label: Electrola; Produktion: André Kuntze).[78]

Diese Band aus Ostberlin (karat-band.com) gehörte neben den Puhdys und City zu den großen Drei in der DDR, und zwar v.a. in folgender Besetzung: Herbert Dreilich (Gesang, Gitarre), Bernd Römer (Gitarre), Christian Liebig (Bass), Michael Schwandt (Schlagzeug), Ulrich „Ed" Swillms (Tasteninstrumente). Ehemalige Mitglieder waren z.B.: Thomas Kurzhals (Keyboards), Henning Protzmann (Bass). Neu dabei sind Martin Becker (Keyboards, seit 1992), Claudius Dreilich (Gesang) seit 2005 für seinen verstorbenen Vater und seit 2023 Heiko Jung (Schlagzeug) und Daniel Bätge (Bass).

Charakteristisch für Karat ist ein Musikstil, der Rockmusik mit klassischen Elementen mischt und daher am ehesten dem Prog-Rock zugehört. Auf den meisten Alben finden sich sehr vielfältige, abwechslungsreiche Arrangements und ausdrucksstarker Gesang, wie z.B. auf „Karat" (1978), „Über sieben Brücken" (DDR) / „Albatros" (BRD, 1979), „Schwanenkönig" (1980), „Der blaue Planet" (1982), „Fünfte Jahreszeit" (1987), „Die geschenkte Stunde" (1995), „Weitergeh´n" (2010), „Seelenschiffe" (2015) und „Labyrinth" (2018).

Zu Karats erfolgreichsten Singles gehören „König der Welt" (1978), „Über sieben Brücken" (oftmals gecovert, 1979), „Schwanenkönig" (1980), „Jede Stunde" (1982), „Der blaue Planet" (Goldene Schallplatte in der BRD, 1982), „Der Albatros" (Goldene Schallplatte in der BRD, 1984) und „Weitergeh´n" (2010). Die Liste der Auszeichnungen für Karat umfasst neben Goldenen Schallplatten viele Kunstpreise der DDR, die Goldene Europa im Jahr 1986, den Media Control Preis 2003 und weitere Ehrungen.

Ab 1978/79 zeigten die Texte von Karat eine deutliche Hinwendung zu lyrischen, ernsteren Inhalten. Insbesondere mit ihrem Erfolgsalbum „Der blaue Planet" wurde die Band zudem auch metaphorisch verschlüsselter und politischer. Songs mit kritischen politischen Botschaften sind z.B.: „Der Albatros" (1979), „Das Narrenschiff" (1980), „Marionetten" (1982), „Der blaue Planet" (1982), „Der Doppelgänger" (1987).

Karats Konzertreisen erfreuen sich bis zum heutigen Tag nicht nur in Deutschland großer Beliebtheit. Die Gruppe hat während ihrer Karriere auch sehr viele Konzerte im Ausland gegeben: z.B. in Belgien, Dänemark, Frankreich, Luxemburg, Österreich, Schweiz, Kosovo, Ungarn, Bulgarien, Polen, Rumänien und Kuba.[79]

„Der blaue Planet" (Bernd Römer: Gitarre; Herbert Dreilich, Ulrich Swillms: Gesang; Henning Protzmann: Bass; Ulrich Swillms: Keyboards; Michael Schwandt: Schlagzeug) erschien wie das gleichnamige Album von Karat im Jahr 1982 gleichzeitig in beiden Teilen Deutschlands; bei der Plattenfirma AMIGA in der DDR und bei TELDEC/POOL in der Bundesrepublik.[80]

Bereits die Vorab-Single „Der blaue Planet" mit dem Song „Blumen aus Eis" auf der B-Seite verkaufte sich damals im Westen über 100.000 Mal. In Ostdeutschland wurde das Album die erfolgreichste und meist verkaufteste LP einer DDR-Band überhaupt und erreichte auch im Westen Platz 7 des Album-Charts (insgesamt über eine Million Mal verkauft).[81]

1982: In einem Forschungslernseminar im Rahmen meines Deutschstudiums geht es um das Thema „Deutschsprachige Rockmusik und ihre Texte". Neben vielen westdeutschen Künstlern (Udo Lindenberg, Marius Müller-Westernhagen, Rio Reiser u.a.) kommen auch Ostrock-Gruppen zur Sprache. Dabei wird deutlich, dass es zwar etliche staatsnahe und ideologiekonforme Bands in der DDR gibt, aber auch einige Formationen, die immer wieder kritische politische Statements in ihren Titeln verpacken, nämlich z. B. Renft, City oder auch Karat. In einer Doppelstunde wird dann „Der Blaue Planet" von Karat behandelt.

Bei der Auswertung der Arbeitsergebnisse in Gruppen wird der Songtext als melancholisch, nachdenklich und als Reflektion über die Zerbrechlichkeit unserer Erde eingeordnet.

Er hinterfrage die gefährliche Phase, in der sich die Welt Anfang der 1980er Jahre im Rahmen atomarer Aufrüstung befinde (*„Tanzt unsere Welt mit sich selbst schon im Fieber?"*).

Unser Leben sei zu stark vom zu wenig kontrollierbaren Handeln dämonischer Kräfte abhängig (*„Liegt unser Glück nur im Spiel der Dämonen?"*).

Es werde die Sorge thematisiert, dass wir kurz vor dem Ende stehen könnten und es keine gute Zukunft geben werde (*„Wird dieser Kuss und das Wort, das ich dir gestern gab, schon das letzte sein?"*; *„Soll unser Kind, das die Welt noch nicht kennt, alle Zeit ungeboren sein?"*).

Das Lied sei als Fazit der textanalytischen Untersuchungen schließlich als Appell an die Menschheit zu verstehen, die Erde, ihre Naturgüter und ihre Schönheit mehr zu schätzen und vor allem zu schützen (*„Uns hilft kein Gott, unsere Welt zu erhalten"*) sowie mit notwendigen Friedensprozessen für kommende Generationen zu bewahren.

„Der Blaue Planet" wird abschließend als eine musikalische Mahnung an die Menschheit (*„Wird nur noch Staub und Gestein ausgebrannt alle Zeit auf der Erde sein?"*) und als ein Paradebeispiel für zeitlose Rock-Musik klassifiziert.

Foyer des Arts
„Wissenswertes über Erlangen"

Das Lied „**Wissenswertes über Erlangen**" wurde 1982 veröffentlicht. Der German - Pop - Song wurde von Max Goldt und Gerd Pasemann komponiert. Er ist als Titel 1 (4:42)  auf dem Album „Von Bullerbü nach Babylon" vertreten (Label: WEA; Produktion: Max Goldt, Gerd Pasemann).[82]

Foyer des Arts (französisch: Haus der Künste) war eine im Jahr 1981 von dem deutschen Schriftsteller, Kolumnisten und Musiker Max Goldt und dem Musiker Gerd Pasemann gegründete Avantgarde-Pop-Band (siehe bear-family.de).

Nachdem sie sich erstmalig 1978 in West-Berlin kennengelernt hatten, gründeten Pasemann (Gitarre, Bass) und Goldt (Gesang, Perkussion, A - Gitarre, Zither) die Band Aroma Plus, absolvierten einige Clubauftritte in Berlin und veröffentlichten ihre damals zunächst englischsprachige Musik mit wechselnden Begleitmusikern auf zwei selbstvertriebenen Schallplatten.

Nach der Auflösung von Aroma Plus nahmen Goldt und Pasemann unter dem Projektnamen Foyer des Arts das Mini-Album „Die seltsame Sekretärin" (1981) auf. Die 1982 veröffentlichte Single „Eine Königin mit Rädern untendran" wurde ein kleiner Hit in der lokalen Musikszene. Bald wurden große Plattenfirmen auf die Band aufmerksam, um sie im Rahmen der damals aktuellen Neuen Deutschen Welle zu vermarkten, obwohl sich Foyer des Arts nie als Teil dieser Szene gesehen haben.

Mit einem für sie ungünstigen Vertrag beim Plattenlabel WEA ausgestattet, brachten Foyer des Arts dann die LP „Von Bullerbü nach Babylon" (1982) heraus, die mit dem Song „Wissenswertes über Erlangen" auch ihren größten Single-Hit in der Bundesrepublik Deutschland enthielt (Platz 36 der Media-Control-Charts). Es folgten Auftritte im Musikladen und in der ZDF-Hitparade.

Nachdem weitere Erfolge aber auf sich warten ließen, endete der Plattenvertrag mit WEA Records im Jahr 1986. Foyer des Arts ließen sich davon jedoch nicht beeindrucken und veröffentlichten im selben Jahr mit einigem Erfolg das Album „Die Unfähigkeit zu frühstücken" auf dem Independent-Label Fünfundvierzig.

Mit den Alben „Ein Kuss in der Irrtumstaverne" (1988), „Was ist super?" (Live, 1989), „Die Menschen" (1995) und „Könnten Bienen fliegen – Das Beste von Foyer des Arts" (2000) entwickelte sich die Band letztlich zu einem namhaften Act in der unabhängigen deutschen Musikszene.[83]

„Wissenswertes über Erlangen" (Gastmusiker: Jürgen Scheele: Trompete; Turhan Gezer: Perkussion; Boris Ballin: Steel Drum) verspottet den Ablauf einer touristischen Stadtrundfahrt. Hierbei sind Max Goldts Erfahrungen als Fremdenführer bei Rundfahrten durch West-Berlin in die Karikierung derartiger Bustouren eingeflossen.[84]

Der Liedtext besteht in erster Linie aus dem Vortrag eines Gästeführers im fränkischen Erlangen, der deutschen Touristen die Stadt zeigt (*„Sagen Sie mal, junger Mann, ich hätte mal 'ne Frage. Da rechts, da steht doch so 'ne Kirche, wie heißt die denn?"*). Seine Erläuterungen erfolgen allerdings ohne großen Informationsgehalt (*„Hier links ist eine Kirche, sie wurde erbaut in der Vergangenheit."*) oder sind sehr allgemein gehalten (*„Merken Sie sich eines: Erlangen liegt nicht im Sauerland." „Das religiöse Leben Erlangens ist breit gefächert und sehr interessant."*).

Des Weiteren sind weibliche Touristen zu vernehmen, die den Stadtführer anhimmeln: *„Das ist ein netter junger Mann. Was der sich alles merken kann. Es gibt ja so viel Wissenswertes über Erlangen."* Es folgt eine spießbürgerliche Konversation zwischen weiteren Touristen, die zunächst scheinbar die Erlanger Bewohner loben (*„Und die Erlanger sind so gastfreundlich."*), sich dann aber bald über langhaarige und Jeanshosen tragende Fremdenführer oder die Zigarettenkippen in den Straßen aufregen

(*„Sicher, Jeanshosen tragen sie ja heut' alle". „Was sach ich, ein wunderbarer Führer. So ein Student ... lange Haare, aber eben sehr freundlich und hilfsbereit." „Aber hier liegen ja so viele Zigarettenkippen auf der Straße."*).

Schließlich verliert man das Interesse an den Schönheiten Erlangens und lobt lediglich eigene Herkunftsorte: *„Also Martha, bei uns in Bielefeld ist das ja alles viel sauberer." „Am gastfreundlichsten sind doch die Isarlohner." „Die Idar-Obersteiner sind ja überhaupt sehr hilfsbereit."*).

Mir persönlich hat Erlangen bei einem Besuch im Jahr 1998 gut gefallen. Zwar suchten wir das ansonsten frankentypische Fachwerk wie z.B. in Bamberg oder Forchheim vergeblich, konnten aber dann doch viel Gefallen an der barocken bayerischen Residenzstadt an der Regnitz finden.

Bei einem Spaziergang durch die Altstadt mit ihren hübschen Gassen stießen wir auf viele nette Ecken, Plätze und Lokale. Besonders imposant waren der Schlossgarten mit Hugenottenbrunnen & Orangerie, der Botanische Garten und der Burgberg mit dem Kellerwald.

Als sehr angenehm gestaltete sich eine Besichtigung der Erlanger Brauerei mit angeschlossenem Biergarten und Biermuseum.

Level 42
„The Chinese Way"

„**The Chinese Way**" wurde im Jahr 1982 veröffentlicht. Der Jazz-Funk - Song wurde von Mark King, Phil Gould und Wally Badarou komponiert. Er ist als Titel 8 (5:52)

auf dem Level-42 - Album „The Pursuit Of Accidents" vertreten (Label: Polydor; Produktion: Mike Vernon).[85]

Level 42 (level42.com) wurde im Jahr 1979 in London von dem herausragenden Bassisten Mark King, Mike Lindup (Keyboards), Rowland „Boon" Gould (Gitarre) und Phil Gould (Schlagzeug), die bereits als Jugendliche Musik gemacht und gemeinsame musikalische Vorbilder in Miles Davis, John McLaughlin oder Keith Jarrett hatten, gegründet. Als fünftes Mitglied von Level 42 wird oftmals Wally Badarou bezeichnet, der auf vielen der frühen Hits der Band Keyboards spielte.

Der Bandname bezieht sich auf den Science-Fiction-Roman von Douglas Adams „Per Anhalter durch die Galaxis", in dem die Zahl 42 die Antwort auf den Sinn des Lebens ist.

Man spielte eine Fusion aus Jazz und Funk und wurde bald von manchem Musik-Kritiker als maßgeblich für die Entwicklung des Funk in Europa betrachtet.

Gleich mit dem ersten Album „Level 42" und den Hit-Singles „Love Games", „Turn It On" sowie „Starchild" setzte sich Level 42 an die Spitze der britischen Funk-Szene. Dieser Erfolg einer weißen Funk-Band kam überraschend, und sogar Koryphäen dieses Genres wie die Musiker von Earth, Wind & Fire waren begeistert.

Weitere sehr angesagte Alben waren „The Pursuit Of Accidents" (1982, mit den Hits „Weave Your Spell" und „The Chinese Way"), „True Colors" (1984, mit „Hot Water"), „World Machine" (1985, mit „Leaving Me Now"), „Running In The Family" (1987, mit Platin dekoriert), „Staring At The Sun" (1988, mit „Heaven In My Hands") und „Guaranteed" (1991).

Weltweit wurden Tonträger in zweistelliger Millionen-Auflage verkauft, gute Chartplatzierungen in vielen Ländern erreicht und etliche Goldene Schallplatten an die Band verliehen.

Level 42 waren und sind vor allem auch heute noch eine ausgezeichnete Live-Band (z.B. dokumentiert auf dem Album „A Physical Presence", 1985) mit meist ausverkauften Konzerten in Europa, Asien und Amerika.[86]

„The Chinese Way" vom sehr erfolgreichen Album „The Pursuit Of Accidents" (Platz 17 der britischen Album-Charts) entwickelte sich zur ersten Top-30-Single in UK (Platz 24). Sie wurde in Irland, Deutschland, Spanien und den USA veröffentlicht.[87]

Der Songtext von „The Chinese Way" fordert dazu auf, eine Reise zurück in der Zeit zu unternehmen (*„Take a journey back in time. Leave the western world behind."*) und die Berge in Richtung Peking zu überqueren (*„Cross the mountains to Peking, where the paper laterns gently swing."*).

Auf der Suche nach den uralten Erkenntnissen der Chinesen aus der Zeit der Drachen dort angekommen (*„The Chinese way, who knows what they know"*; *„Pearls of wisdom from the dragon days"*), könne man mit offenen Sinnen alsbald leise gesprochene Worte auf Kantonesisch vernehmen (*„Words softly spoken in Cantonese"*).

Dann würde ein chinesischer Gelehrter dem Reisenden geheimes Wissen offenbaren (*„Standing at the master's side. Then with patience he confides secret knowledge, sacred ways."*).

In einer deutschen Rundfunk-Sendung im Sommer 1983 steht das Thema „Wichtige Songs der Funk-Musik" auf dem Programm. Zuhörer dürfen anrufen und sich Titel von Musikgruppen dieses Genres wünschen.

Im Verlauf der Sendung kommen anfänglich Barry White, Miles Davis, Defunkt, George Duke, Earth, Wind & Fire, Incognito, Herbie Hancock, Mandrill, Sly & The Family Stone, Tower Of Power, Isaac Hayes, James Brown, Stevie Wonder und War zur Sprache.

Ich habe das Glück und komme mit meinem Anruf durch: Mein Wunsch ist der Song „The Chinese Way" von Level 42, der dann auch in den Äther geschickt wird. Danach grübele ich noch lange über die Bedeutung des Songtextes nach.

Auf einer China-Reise einige Jahre später werde ich versuchen, den im Songtext vorgeschlagenen Weg nachzuempfinden:

Allein der Hinflug nach China mit einer Überquerung des Himalaya lässt uns vor Ehrfurcht einfach nur erschauern.

Bei einem Spaziergang auf der Chinesischen Mauer nahe Peking habe ich schließlich - von kantonesischen Gesprächsfetzen umgeben - tatsächlich das aufregende Empfinden, tief in die chinesische Geschichte eingetaucht zu sein, und komme aus dem Staunen nicht mehr heraus.

Neil Young + Crazy Horse „Love To Burn"

„**Love To Burn**" wurde im Jahr 1990 veröffentlicht. Der Rock-Song wurde von Neil Young komponiert. Er ist als Titel 5 (10:03) auf dem Neil Young + Crazy Horse –

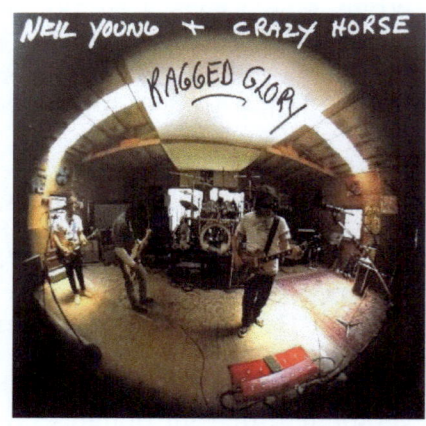

Album „Ragged Glory" vertreten (Label: Reprise; Produktion: David Briggs, Neil Young).

Dieses kommerziell erfolgreiche Country- / Hard-Rock-Album (Neil Young: Gitarre, Gesang; Frank Sampedro: Rhythmusgitarre, Gesang; Billy Talbot: Bass, Gesang; Frank Molina: Schlagzeug, Gesang) wurde von der Musikzeitschrift Rolling Stone als eine der 1001 Platten bezeichnet, die man vor seinem Tod gehört haben sollte. Es gilt als überragendes Album mit starken Gitarrenduellen und einer „neuen Dimension klanglicher Turbulenz".[88]

„Ragged Glory" (deutsch: zerlumpte Herrlichkeit) bot thematisch das, was den „Horse"-Musikern in ihrem bisherigen Leben widerfahren war. In dem Song „Love To Burn" z.B. geht es um das Nachdenken über Beziehungsprobleme (die v.a. Neil Young in seiner Ehe mit Pegi Young hatte, was dann nach über 30 Ehejahren zur Scheidung führte).

Musik und Text lassen den Hörer die quälenden Gedanken, den Schmerz, die widersprüchlichen Gefühle und die Selbstvorwürfe über die zerbrechende Beziehung verspüren, als der Sänger über die Geschehnisse nachsinnt.

Während eines nächtlichen Spaziergangs durch das „Tal der Herzen" wandert Neil Young verzweifelt und im unerfüllten Verlangen nach Liebe umher (*„Late one night I was walking in the valley of hearts"*), weil die Distanz zu seiner Frau immer größer zu werden scheint und sie anscheinend nicht überwunden werden kann (*„There's a house full of broken windows. 'Cause the lovers inside just quarrel all the time. Why'd you ruin my life?"*).

Es stellt sich die Frage, wie es nur so weit kommen konnte, und es verbleibt der Wunsch, ihrer Liebe noch eine Chance zu geben (*„You got love to burn. You better take a chance on love"*).

Santana
„It´s A Jungle Out There"

„It´s A Jungle Out There" wurde 1990 veröffentlicht. Der Latin-/Jazz - Rock Song wurde von Carlos Santana komponiert. Er ist als Titel 3 (Länge: 4:32) auf dem Album 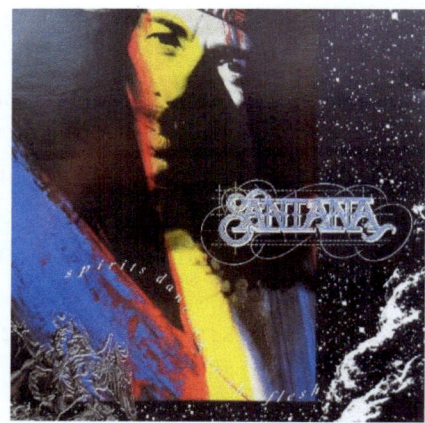 „Spirits Dancing In The Flesh" vertreten (Label: Columbia; Produktion: Jim Gaines, Carlos Santana, Chester Thompson, Peter Wolf u.a.).[89]

„Spirits Dancing In The Flesh" ist mit seiner Mischung aus perkussiven Rhythmen, modernen Basslinien, Funk-Elementen, Latin-Rock-Balladen, sehr gutem Spiel vom Gitarrengott, hervorragendem Gesang, viel Spiritualität und politisch engagierten Texten (Südafrika: „Soweto", zwischenmenschliche Konflikte und Kämpfe: „It´s A Jungle Out There" und große Umweltproblematiken:

„Mother Earth") ein durchaus ansehnliches Santana-Album - das mittlerweile 16., fast zwanzig Jahre nach Santana III. Es erreichte in den USA Platz 85 im Billboard-200-Album-Chart.[90]

„It´s A Jungle Out There" (Carlos Santana: Gitarre; Chester Thompson: Keyboards, Hammond-Orgel, Horns; Bobby Womack, Alex Ligertwood: Gesang; Keith Jones: Bass; Armando Peraza: Congas; Walfredo Reyes: Schlagzeug, Timbales, Perkussion) beginnt mit wilden Tiergeräuschen (Affen und Löwen), denen Polizeisirenen nachfolgen. Die Sirenen und der Liedtext machen deutlich, dass hier eher der städtische Dschungel mit seinen zwischenmenschlichen und kriegerischen Konflikten zur Sprache kommen soll (*Just gotta get away. Can't Stand it*"; „*Fighting daily for the turf*"; „*We're still killing each other in the name of the lord*"). Die Politik schaffe es nicht, das Leid zu vermindern (*„Oh, the United Nations drag their feet on the floor. All they do is spend your money, they don't tell you what for*").

Der Song ist letztlich als ein dringender Appell für Frieden auf Erden zu verstehen, der mit mehr Menschlichkeit, Mitgefühl und Aufrichtigkeit zu erreichen wäre (*„Peace, are you that far away? Peace, there's gotta be a better way*").

Sade „Cherish The Day"

„**Cherish The Day**" wurde im Jahr 1992 veröffentlicht. Der Downbeat- Song wurde von Sade Adu, Stuart Matthewman u. Andrew Hale komponiert. Er ist z.B. als Titel 1

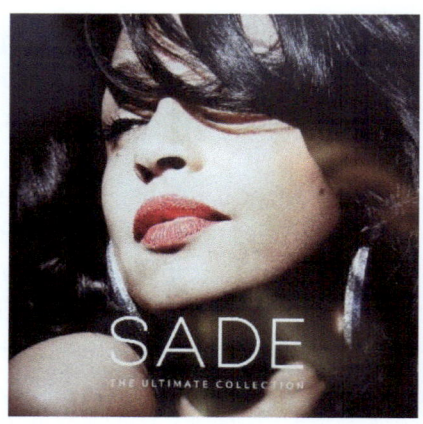

auf CD 2 des Doppel-Albums „Sade - The Ultimate Collection" (6:19) vertreten (2011; Label: RCA, Produktion: Sade, Mike Pela).[91]

Der „Kokosnuss-Funk"[92] von Sade (sade.com) kommt mit solch eleganten Songs wie „By Your Side", „Cherish The Day", „Kiss Of Life" oder „Your Love Is King" immer auch ein wenig melancholisch daher und scheint wie die Lead-Sängerin dieser Band selbst kaum zu altern.

Helen Folasade Adu, kurz Sade (* in Ibadan, Nigeria), studierte vor ihrer großen musikalischen Karriere Mode-

design, arbeitete als Fotomodell und sang nebenbei als Background-Sängerin bei der Funk-Band Light Of The World (als Kollegin von Jean-Paul „Bluey" Maunick, später Band-leader von Incognito).

Im Jahr 1983 gründete die 24-jährige begnadete Jazz- und Soul-Sängerin mit einer Stimme, die rauchig und warm zugleich klingt, zusammen mit befreundeten Musikern, die bis heute in ihrer Band spielen, die Gruppe Sade. Diese sorgte mit ihrem Latin-Jazz-Funk-Sound bald für Aufsehen in Londoner Jazzclubs und später auch weltweit.

Gleich das Debüt-Album „Diamond Life" (1984, mit dem Hit „Smooth Operator") erreichte vordere Platzierungen in den Musikcharts vieler Länder. Es verkaufte sich millionenfach und wurde mit einem Grammy (für die beste neue Künstlerin) ausgezeichnet.

Mit den nachfolgenden Alben „Promise" (1985), „Stronger Than Pride" (1988, mit dem Hit „Paradise"), „Love Deluxe" (1992, mit dem Hit „No Ordinary Love"), „Lovers Rock" (2000, mit dem Hit „King Of Sorrow") und „Soldier Of Love" (2010, mit dem Hit „Soldier Of Love") belaufen sich die Verkäufe Sades bis heute auf über 80 Millionen Tonträger.

Für ihr musikalisches Werk sind Sade mehrere Grammys sowie viele Goldene und Platin-Schallplatten verliehen worden.

Im Oktober 2020 wurde ein Vinyl Box-Set mit dem Titel „This Far" (Epic) mit den bisherigen sechs Alben der Band veröffentlicht.[93]

Der Song „Cherish The Day" wurde ursprünglich auf dem Album „Love Deluxe" (1992) veröffentlicht, das Platz 10 der britischen Charts erreichte und mit Gold ausgezeichnet wurde. In den USA belegte das Album Platz 3 im Billboard-200-Chart, erhielt eine Platin - Auszeichnung und verkaufte sich weltweit millionenfach.[94]

„Cherish The Day" (Sade Adu: Gesang; Stuart Matthewman: Gitarre, Saxophon; Andrew Hale: Keyboards; Paul S. Denman: Bass; Martin Ditcham: Schlagzeug, Perkussion; Leroy Osbourne: Gesang u.a.), das als Erkennungsmusik der US-amerikanischen Fernsehserie Cherish The Day Verwendung fand, wurde von der Musikkritik überwiegend sehr positiv aufgenommen. Mark Millan von The Daily Vault z.B. bezeichnete das Lied als bezaubernd und einen der besten Momente des Albums. Sophia Heawood von The Guardian sah die Band insgesamt bei diesem Song, in dem eine große Sehnsucht ausgedrückt würde (*„You only can rescue me. This is my prayer. If you were mine, if you were mine. I wouldn't want to go to heaven"*), in ihrer eindrucksvollsten Verfassung.

Laut Justin Chadwick von Albumism bzw. Tanya R. Jefferson von AXS würde eine wehmütige Sade Adu in diesem ruhigen Kuschelsong davon singen, eine überragende Liebe gefunden zu haben („*You take my air. You show me how deep love can be*") und daher jeden einzelnen Tag um so mehr schätzen zu wollen („*I cherish the day*").[95]

1990:   Mein alter Traum, mindestens einmal im Leben die Inselwelt der Südsee zu bereisen, die mir in den Büchern von Robert Louis Stevenson, Daniel Defoe oder William Somerset Maugham als äußerst verlockende Ferne mit blauem Meer, grünen Palmen und weißem Strand unter ewiger Sonne erschienen ist, wird in diesem Jahr wahr. Meine Freunde und ich sind nach Tahiti in Französisch Polynesien gereist. Nach der Ankunft werden wir ähnlich wie einst die alten Entdecker von anmutigen Insulanerinnen mit Blütenkränzen begrüßt. Wir setzen bald mit der Fähre zur Sehnsuchtsinsel Moorea über, die uns mit ihrer traumhaften Landschaft fast unwirklich vorkommt. Auf diesem wunderschönen Fleckchen Erde nehmen wir in der nächsten Zeit die Farben, den Duft und die Blütenpracht der Tropen mit allen Sinnen auf und fühlen uns oftmals wie im Paradies.

Eines Abends geraten wir unverhofft in eine Veranstaltung mit polynesischer Musik und rituellen Tänzen, der ein ganz bestimmter Zauber beiwohnt und die uns in fast mystischer Stimmung zurücklässt. Wieder in der Unterkunft angekommen, trinken wir noch etwas und lassen diese unvergessliche Nacht langsam ausklingen. Ich suche nach passender Musik und lege „Cherish The Day" von Sade auf.

Santana „Saja / Right On"

„Saja / Right On"
wurde im Jahr
1992 veröffent-
licht. Der Latin
Rock-Song wur-
de von Joe Roc-
cisano / Earl De-
rouen und Mar-
vin Gaye kom-
poniert. Er ist
als Titel 3 (8:51)

auf dem Album „Milagro" vertreten (Label: Polydor; Produktion: Chester Thompson, C. Santana).

Die Entstehung von „Milagro" ist eng mit dem Tod
des langjährigen Santana-Managers Bill Graham
verbunden (geb. in Berlin als Wolfgang Grajonca;
bei einem Hubschrauber-Absturz im Jahr 1991 um-
gekommen). Dieser hatte den Aufstieg der Band
seit ihrem Woodstock-Auftritt stetig begleitet und
gefördert. Das Album ist ihm (insbesondere der
Song „Gypsy/Grajonca") und dem ebenfalls 1991
verstorbenen Miles Davis gewidmet, war das erste
Album bei Polydor nach 22 Jahren bei Columbia
und erreichte Platz 102 der Billboard-200-Charts.[96]

Der Wechsel zu Polydor führte Santana nach einigen schwächeren Alben wieder zu den Wurzeln zurück: Beim Anhören von „Milagro" fühlt sich der Hörer bald wieder zu den Anfängen der Latin Rock-Band zurückversetzt, denn wie in alten Zeiten gehen Perkussion- (neu dabei ist z.B. der Timbalero Karl Perazzo) und Rockelemente eine wunderbare und sehr überzeugende Melange ein.

So ist es auch beim Song „Saja / Right On" (Carlos Santana: Gitarre; Chester Thompson: Keyboards, Horn; Benny Rietveld: Bass; Billy Johnson: Schlagzeug; Raul Rekow: Congas, Perkussion; Karl Perazzo: Timbales, Bongos, Perkussion; Larry Graham: Gesang; Jorge Santana: A-Gitarre).

Die Perkussion-Abteilung groovt wie in alten Santana-Zeiten und Gastsänger Larry Graham (Bassist von Sly & The Family Stone) begibt sich in einen gefühlvollen Dialog mit dem Meistergitarristen:

„We need love. Love, love, sweet love, wonderful love. Oh, true love, love. Love for your brother and love, love for God. Love pure love. Oh, true love can cover hate every time. Give out some love and you'll find peace sublime. My darling, one more thing. If you let me, I will take you to live where love is king."

Sheryl Crow
„All I Wanna Do"

„All I Wanna Do" wurde im Jahr 1993 veröffentlicht. Der Rock-Song wurde von Sheryl Crow, Bill Bottrell, David Baerwald u. Kevin Gilbert verfasst. Er ist z.B. als Titel 3  (4:57) auf dem Album „Sheryl Crow - Live From The Ryman And More" vertreten (2021; Label: The Valory Music Co.; Produktion: Sheryl Crow, Alberto Vaz, Scooter Weintraub).[97]

Sheryl Crow (sherylcrow.com) ist eine US-amerikanische Rocksängerin, Pianistin, Gitarristin, Songschreiberin und mehrfache Grammy-Preisträgerin aus Kennett, Missouri.

Sheryl wuchs in einer sehr musikalischen Familie auf (Mutter Sängerin; Vater Trompeter) und erhielt von ihrer Mutter Klavierunterricht, so dass sie bereits in jungen Jahren Songs aus dem Radio nach Gehör spielen konnte.

Während ihrer College-Zeit, die sie mit dem Studium von klassischem Klavier und Gesang abschloss, war Sheryl Crow Mitglied der Band „Cashmere" (eine Anspielung auf den Song „Kashmir" von Led Zeppelin).

Auf dem angestrebten Weg zur professionellen Musiker-Karriere arbeitete sie danach in St. Louis zunächst als Musiklehrerin mit behinderten Kindern, sang in der Band „PM" und nahm Werbesongs auf, u.a. für McDonalds.

1986 ging Crow nach Los Angeles und wurde bald als Backup-Sängerin für die „Bad"-Tour von Michael Jackson verpflichtet. Danach arbeitete sie als Background-Sängerin für Don Henley von den Eagles und schrieb Songs für Eric Clapton, Celine Dion oder die amerikanische Country-Sängerin Wynonna Judd.

Ihr Debüt-Soloalbum „Tuesday Night Music Club" (1993) entwickelte sich ab dem Moment zu einem weltweiten Erfolg, als im Sommer 1994 die Hit-Single „All I Wanna Do" veröffentlicht wurde. 1995 erhielt Sheryl Crow mehrere Grammys, u.a. als beste Newcomerin und in den Kategorien „Record of the year" sowie „Best Female Pop".

In den Folgejahren erschienen weitere erfolgreiche Alben von Sheryl Crow („Sheryl Crow", 1996; „The Globe Sessions", 1998; „C´mon C´mon", 2002; „Wildflower", 2005; „Detours", 2008; „100 Miles from Memphis", 2010; „Feels Like Home", 2013; „Be Myself", 2017; „Threads", 2019; „Evolution", 2024), und sie tourte mit ihrer Band regelmäßig um die Welt. Außerdem hatte die vielseitige Musikerin zahlreiche Gastauftritte in Konzerten (so z.B. bei den Rolling Stones) und auf CDs von Musikerkollegen (u.a. bei Prince). Im Jahr 2023 wurde sie in die Rock and Roll Hall of Fame in Cleveland (Ohio) aufgenommen.[98]

„All I Wanna Do" (Live From The Ryman: Sheryl Crow: Gesang, A-Gitarre; Peter Stroud: A-Gitarre; Audley Freed: E-Gitarre; Josh Grange: Pedal-Steel-Gitarre; Robert Kearns: Bass; Fred Eltringham: Schlagzeug; Jen Gunderman: E-Piano, Synthesizer) ist Crows größter Hit in den USA, wurde millionenfach verkauft und notierte im Oktober/November 1994 sechs Wochen in Folge auf Platz 2 der Billboard-Hot-100. Auch in Australien, Neuseeland, Irland, Kanada, Großbritannien, Belgien, Deutschland, Frankreich, den Niederlanden und Österreich erreichte der Song, der von dem Gedicht „Fun" von Wyn Cooper inspiriert worden war, Spitzenplatzierungen.[99]

Inhaltlich geht es um eine Person, die apathisch und viel Alkohol konsumierend in einer Bar in Los Angeles sitzt (*„We are drinking beer at noon on Tuesday"*). Sie unterhält sich mit einem anderen Gast in der Kneipe, dem Erzähler. Dieser glaubt, dass sein Gegenüber lediglich zusieht, wie das wirkliche Leben vorbeizieht (*„And I wonder if he's ever had a day of fun in his whole life"*). Denn anstatt einen anderen Weg einzuschlagen, bleibe er passiv. Obwohl er einen Wunsch habe (*„All I wanna do is have a little fun before I die"*), würde er ohne wahre Freude in seiner Langeweile verharren und mache zu wenig aus seinem Leben.

2017: Nachdem ich Carlos Santanas Autobiographie „Der Klang der Welt" gelesen hatte, wurde mir eines klar: „Du musst die eingefahrenen Gleise verlassen, die deine Kreativität und Vitalität lähmen"[100] lautet nämlich eine Empfehlung in seinen Erinnerungen.

Ihr folgte ich im Rahmen einer beruflichen Veränderung und konnte danach Fähigkeiten als Autor aktivieren, die wohl schon lange in mir schlummerten. Somit war es in der Folge meine Absicht, informative und gleichzeitig unterhaltsame Bücher zum Thema Musikgeschichte, Musikgenres oder Lieblingssongs zu schreiben.

Letztlich sollte für den Leser erkennbar werden, welche bereichernden Effekte Musik als elementarer Teil des Lebens haben kann. Sie ist nicht nur für mich seit vielen Jahren eine Inspiration, deren erfrischende und spirituelle Wirkung ich jeden Tag verspüren möchte, denn:

„Die Musik schließt dem Menschen ein unbekanntes Reich auf,

eine Welt, die nichts gemein hat mit der äußeren Sinnenwelt,

die ihn umgibt und in der er alle bestimmten Gefühle zurücklässt,

um sich einer unaussprechlichen Sehnsucht hinzugeben."

(E.T.A. Hoffmann)[101]

Incognito "Everyday"

„**Everyday**" wur-
de 1995 veröf-
fentlicht.   Der
Acid Jazz - Song
wurde von Jean-
Paul   „Bluey"
Maunick   und
Peter Hinds ver-
fasst. Er ist als
Titel 5 (Länge:
5:54)   auf dem

Album „100° and rising" vertreten (Label: Talkin´
Loud; Produktion: Jean - Paul „Bluey" Maunick,
Richard Bull).

*Die britische Band Incognito (incognito.london), die als
Flaggschiff der Acid-Jazz - Bewegung gilt, wurde im Jahr 1979
v.a. von Jean-Paul „Bluey" Maunick (* auf Mauritius), dem
„Studio-Ohr des Jahrtausends"[102], in London gegründet.*

*Die musikalische Vision Blueys und seines Kollegen Paul Wil-
liams war, einen bisher nie gehörten Musikstil auf der Grund-
lage von Jazz, Soul und Funk zu erschaffen, der sehr rhyth-
misch, energiegeladen und tanzbar rüberkommen sollte.*

Viele Stunden Studioarbeit – inspiriert durch Bands wie Earth, Wind & Fire, Santana oder Weather Report – mündeten danach in das erste Album „Jazz Funk" (1981), das mit dem Achtungserfolg „Parisienne Girl" zunächst vor allem die Londoner Szene in Begeisterung versetzte.

Parallel dazu entwickelte Bluey die musikalischen Arrangements beständig weiter: Seine unverwechselbare Rhythmusgitarre, gestochen scharfe Bläsersätze, verschiedene großartige Soul-Stimmen sowie Incognitos satte Funk-Rhythmen mit lateinamerikanischen Elementen begeisterten in der Folgezeit zunehmend immer mehr Menschen. Der erste internationale Hit war schließlich „Always There" vom zweiten Incognito-Album „Inside Life" (1991), zu dem Acid-Jazz-Fans nicht nur in London, sondern auch in Paris, Amsterdam, New York oder im legendären Hamburger Mojo Club ganze Nächte lang durchtanzten.

Der Erfolg beflügelte und rd. zwanzig weitere Incognito-Alben folgten (z.B. „Tribes, Vibes And Scribes", 1992; „Positivity", 1993; „Beneath The Surface, 1997; „No Time Like The Future", 1999; „Life, Stranger Than Fiction", 2001; „Adventures in Black Sunshine", 2004; „Tales From The Beach", 2008; „Transatlantic R.P.M.", 2010; „Surreal", 2012; „Amplified Soul", 2014; „In Search Of Better Days", 2016; „Tomorrow's New Dream", 2019; „Into You", 2023).

Mittlerweile hat diese multi-nationale Band mit ihrem „knackig produzierten Neofunk-Sound" eine große Fangemeinde erworben, die über den ganzen Erdball verstreut ist, denn bei Incognito-Auftritten ist immer ein erstklassiger Konzert-Abend zu erwarten.[103]

„100° and rising" (1995) gehört wie „Tribes, Vibes And Scribes" und „Positivity" zu Incognitos erfolgreichsten Veröffentlichungen und fand sich in den Charts etlicher Länder wieder. In UK erreichte das Album mit seiner Mischung aus Jazz, Soul und Funk Platz 11 der Album-Charts und Platz 2 der R&B-Album-Charts, in den USA Platz 2 der Billboard-Top-Contemporary-Jazz-Album-Charts.[104]

„Everyday" („Bluey" Maunick: Gitarre; Pamela Anderson, Joy Malcolm, Barry Stewart: Gesang; Peter Hinds: Klavier; Gary Sanctuary: Klavinet; Randy Hope-Taylor: Bass; Maxton Gig Beesley Jr.: Schlagzeug, Perkussion; Fayyaz Virji: Posaune; Kevin Robinson: Trompete; Bud Beadle: Saxophon) ist ein elektrisierender Dancefloor-Kracher.

Inhaltlich lobpreist der Songtext eine wahre („*Come over hear, closer my dear, wrap me in your tenderness*") und langlebige Liebe zwischen zwei Menschen („*There's no place else I'd rather be than here with you my love*"; „*A love like ours can surely last until the end of time*").

Der Refrain enthält ein schönes Motto für jedes Paar: „*Every day we'll find a way keep heart and soul together*".

2019 lautet die Erfolgsbilanz für Incognito wie folgt: Millionen von begeisterten Fans rund um den Erdball, viele Chartplatzierungen der veröffentlichten Tonträger (über ein Dutzend erreichten z.B. die Top Ten der Contemporary Jazz Charts), Verleihungen von Goldenen Schallplatten und nicht zuletzt die langlebige, vierzig Jahre umfassende Bandgeschichte. Also sind wir in diesem Jahr nach Hamburg gereist, um Incognitos „40th Anniversary Celebration" im Mojo-Club zu erleben sowie bei der Jubiläumsfeier kräftig mitzumischen und abzutanzen.

Neben Bluey Maunick (Gitarre, Perkussion) stehen dort Imaani, Vanessa Haynes, Cherri V, Mo Brandis (alle Gesang), Francisco Sales (Gitarre), Matt Cooper (Tasteninstrumente), Francis Hylton (Bass, Perkussion), Francesco Mendolia (Schlagzeug), Joao Caetano (Perkussion, Congas), Sid Gauld (Trompete, Flügelhorn), Patrick Clahar (Saxofon, Flöte) und Alistair White (Posaune) auf der Bühne und entfachen wie gewohnt ein Jazz-Funk-Feuerwerk der Spitzenklasse.

Nach über zwei Stunden Spielzeit mit allen Hits tropft das Schwitzwasser von den Clubwänden und wir haben im Anschluss daran noch ein angeregtes Gespräch mit dem sympathischen Bandleader, der sich wie immer viel Zeit nimmt und mir schon wie 2017 im Jazzclub Minden eine Widmung in das Booklet der neuen Incognito-CD „Tomorrow´s New Dream" schreibt.

John Fogerty "Blueboy"

„**Blueboy**" wur-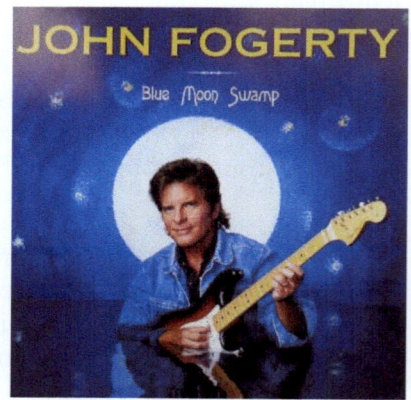
de 1997 veröf-
fentlicht. Der
Rock-Song wur-
de von John
Fogerty kompo-
niert. Er ist als
Titel 3 (Länge:
4:03) auf dem
Album „Blue
Moon Swamp"
vertreten (Label: Warner Bros. Records; Produktion: John Fogerty).[105]

*Der US-amerikanische Sänger, Komponist und Gitarrist John
Fogerty (johnfogerty.com) wurde in Berkeley, Kalifornien,
geboren.*

*Mit seiner Band CCR (Creedence Clearwater Revival; wei-
tere Mitglieder = Tom Fogerty, Stu Cook, Doug Clifford) trat
er in Woodstock auf und brachte es zwischen 1968 und 1972
auf sieben erfolgreiche Alben und neun Top-Ten-Singles, wie
z.B. „Travelin´ Band", „Bad Moon Rising", „Down on the
Corner" und „Proud Mary", das später von Ike & Tina Turner
gecovert und zu ihrem größten Hit wurde.*

Nach Auflösung von CCR wegen diverser Streitigkeiten startete John Fogerty 1973 eine Solokarriere. Nach dem Debüt-Album „The Blue Ridge Rangers" erschien 1975 „John Fogerty" mit den zwei großen Hits „Almost Saturday Night" und „Rockin´ All Over The World", das später auch in der Version von Status Quo zu einem weltweiten Hit wurde.

Rechtsstreitigkeiten mit dem Label Fantasy Records, welches Fogerty nicht aus einem Plattenvertrag mit Knebelcharakter entlassen wollte, führten dazu, dass die nächste LP lange auf sich warten ließ.

„Centerfield" (von 1985) schoss aber dann mit Songs wie „The Old Man Down The Road" und „Rock And Roll Girls" sogar auf Platz 1 der Billboard Charts in den USA und war auch in vielen anderen Ländern ein großer Erfolg.

Es folgten die Alben „Eye of the Zombie" (1986), „Blue Moon Swamp" (1997), „Premonition" (Live, 1998), „Deja Vu All Over Again" (2004), „Revival" (2007), „The Blue Ridge Rangers Rides Again" (2009), „Wrote a Song for Everyone" (2013), „Fogerty´s Factory" (2020) u.a.

Auf unzähligen Konzertreisen begeisterten John Fogerty und Band ihre Fans, verkauften Alben in millionenfacher Stück-zahl und wurden weltweit mit unzähligen Silbernen, Goldenen und Platin-Schallplatten ausgezeichnet.

Fogerty wurde 1993 mit CCR in die Rock and Roll Hall of Fame, 2005 in die Songwriters Hall of Fame aufgenommen und im Jahr 1998 mit einem Stern auf dem Hollywood Walk of Fame dekoriert.[106]

Fogerty blieb bei seinem Album „Blue Moon Swamp" bei bewährten Zutaten: „Bluegrass, Hillbilly, Steelguitar, ein bisschen Cajun, Zydeco und Swamp vermengt mit puren, straighten Rock-Rhythmen".[107] Es gewann im Jahr 1998 bei den 40. Grammy Awards den Preis für das beste Rock-Album. Die Roots-Rock-Perle „ Blueboy" wurde für die beste männliche Gesangsdarbietung im Rock nominiert.[108]

Nach dem Online-Wörterbuch für Slang-Wörter und -Phrasen „Urban Dictionary" ist ein Blueboy ein Junge, der Blau trägt und meistens glücklich aussieht, aber in Wirklichkeit oft einsam ist. Auf dem Cover von „Blue Moon Swamp" trägt John Fogerty - wie auch bei Konzertauftritten zu erleben - blaue Jeans-Jacke und -hemd.

Sein Protagonist im Lied „Blueboy" ist genau wie Fogerty ein Musiker, der (möglicherweise der Einsamkeit entfliehend) vor vielen Besuchern ein Konzert mit Folksongs (*„Just to watch 'Ol Dooley do the show"*) an einem wohlbekannten Ort gibt (*„Way back in the hills there's a place I know. People come from miles around"; „Ooh, let the blueboy play"*).

Und obwohl es sehr spät wird, möchte niemand nach Hause gehen: *„But Dooley he don't want to quit. Ain't nobody feels like going home"*.

2019: Etwas, woran wir nicht mehr geglaubt haben, wird wahr. Ein alter Freund und ich reisen zum Zeltspektakel nach Winterbach in der Nähe von Stuttgart, um eine lebende Rock-Legende live zu erleben.

Neben John Fogerty spielen u.a. seine Söhne Shane (Gitarre) und Tyler (Gesang), James LoMenzo (Bass) sowie Kenny Aronoff (Schlagzeug) ein grandioses Konzert, lassen die Zeit vergessen.

Der 74-jährige im gewohnten blauen Jeanshemd und mit Stiefeln scheint die Energie eines weit Jüngeren zu besitzen, spurtet auf der Bühne unablässig von links nach rechts und nimmt uns mit auf eine rasante zweistündige Musik-Reise mit fast allen seinen Hits.

Unter dem Motto „My 50 Year Trip" erklingen sie, die Songs der CCR/Woodstock-Epoche und seine Solohits, wie z.B. „Travelin´ Band", „Green River", „Born On The Bayou", „Lookin´ Out My Back Door", „Suzie Q", „Hey Tonight", „Up Around The Bend", „Run Through The Jungle", „Have You Ever Seen The Rain", „Down On The Corner", „The Old Man Down The Road", „Fortunate Son" und „Blueboy", bei denen das ganze Zelt und wir leidenschaftlich mitsingen.

Nach einer begeisternden ersten Zugabe haben Fans und John Fogerty noch so viel Spaß und Energie, dass der Meister und Band sogar eine zweite Zugabe geben, was wohl sonst so gut wie nie passiert: „But [Fogerty] don´t want to quit."

Lighthouse Family
"Happy"

„**Happy**" wurde 2001 veröffentlicht. Der Pop-Song wurde von Paul Tucker komponiert. Er ist auch als Titel 13 (Länge: 4:37) auf dem Album der Lighthouse Family  „Greatest Hits" vertreten (2002; Label: Wildcard/ Polydor; Produktion: Kevin Bacon, Glenn Skinner, Jonathan Quarmby, Mike Peden, Tim Laws, Paul Tucker).[109]

Dieses britische Musik-Duo wurde im Jahr 1993 in Newcastle upon Tyne von dem in London geborenen Sänger Tunde Baiyewu, der nigerianische Wurzeln hat, und dem Londoner Keyboard-Musiker Paul Tucker, der auf U2 steht, nach einem Treffen während ihres Universitätsstudiums gegründet (thelighthousefamily.co.uk).

Baiyewu und Tucker hatten zuvor in Londoner Bars ge-
arbeitet, dort ihre gemeinsame Leidenschaft für Dance- und
Soulmusik entdeckt und deshalb einige Demos von in den
späten 1980er Jahren geschriebenen Liedern aufgenommen,
die Paul Tucker verfasst hatte.

Ihre erste Single „Lifted" und das Debüt-Album „Ocean Drive"
(beide von 1995, mehrfach mit Platin dekoriert) verkauften
sich in Europa dermaßen gut (bis heute mehrere Millionen
Mal), dass Lighthouse Family zu den beliebtesten Vertretern
des Easy Listening (= Musik, die nebenbei zur Stimmungs-
aufhellung laufen kann) avancierten. „Ocean Drive" no-
tierte rekordverdächtige 175 Wochen in den britischen
Albumcharts.

Obwohl auch die nachfolgenden Alben „Postcards from
Heaven" (1997; über 3,5 Millionen verkaufte Exemplare),
„Whatever Gets You Through The Day" (2001), „Greatest
Hits" (2002) und „Relaxed & Remixed" (2004; jeweils mit
etlichen Gastmusikern, siehe Booklets der CDs) ähnlich er-
folgreich waren, löste sich die Gruppe im Jahr 2004 auf-
grund von unterschiedlichen Vorstellungen über den weite-
ren Karriereverlauf zunächst auf.

Ab 2010 begann man, sich langsam wieder anzunähern und
einen Neuanfang zu wagen. Im Jahr 2019 veröffentlichte die
Lighthouse Family nach 18 Jahren Pause und ziemlich
unerwartet wieder ein neues Studio-Album („Blue Sky in Your
Head"), und die Musikgruppe ist darauf nach Ansicht vieler
so gut wie eh und je.

Im Juni 2022 gab Paul Tucker bekannt, dass „Lighthouse
Family" nicht mehr gemeinsam auftreten würden, da sich
Tunde Baiyewu auf seine Solokarriere konzentrieren
wolle.[110]

„Happy" notierte kurz nach Veröffentlichung auf Platz 51 der britischen Single-Charts und verblieb dort eine Woche. Der Song erreichte auch die Top 30 der World-R&B-Top-30 Single-Charts.[111]

Im Songtext stellen sich zwei Menschen zunächst die drängende Frage, was mit ihrem Leben passiert sei („*Hey, what's happened to our lives?*"), so dass das Hochgefühl in ihrer Beziehung verloren gegangen wäre („*When did you and me forget, how to have a good time?*"). Könne man nicht immer glücklich bleiben? („*Who says you can't be happy all the time?*")

Bedingung für diesen Wunsch („*You and I gotta get back to the life that we forgot because we got too much on our minds*") sei aber, dass sie sich mehr Zeit nehmen müssten für Dinge, die man nicht kaufen kann („*Hey, we got to make some time for the stuff that you can't buy*").

Z.B. bei einem abendlichen Ausgehen könne man gemeinsam viel Zeit verbringen, Spaß und Glück empfinden („*Hey, let's all go out tonight. Why don't you and me go out and have a good time?*"), denn die ernsteren Momente im Leben kämen schneller, als man denkt („*Hey, there's got to come a time you kiss it all goodbye. So get a life because you ain't got a clue when that day's gonna come*").

Glück kann für jeden Menschen etwas anderes bedeuten. Für den einen ist es das Gefühl der Zufriedenheit in einer erfüllenden Partnerschaft oder mit guten sozialen Kontakten, für andere die Freude an der Arbeit oder das Erleben von Abenteuern.

Es ist ein komplexes Gefühl, das von vielen Faktoren abhängt und an dem stets aktiv zur Erreichung von Zufriedenheit gearbeitet werden muss.

Ein gesunder Lebensstil, der Bewegung und ausgewogene Ernährung umfasst, kann Glücksgefühle vermehren. Gleiches kann ein Leben mit Sinn, sei es durch Hobbys oder ehrenamtliches Engagement, erreichen.

Ein weiterer Ansatz, das eigene Glück zu fördern und ein Gefühl der Erfüllung zu erhalten, kann im Setzen und Verfolgen von Zielen liegen.

Doch bereits wenn man mit positiver Denkweise und in praktizierter Dankbarkeit die kleinen und großen Freuden des Lebens schätzen lernt, ist ein erfülltes und glückliches Leben wahrscheinlicher.

So geschehen, als meine Frau und ich einen Urlaub in Portugal verbringen durften. Nichts konnte unsere gute Stimmung besser beschreiben als der Song „Happy" der Lighthouse Family, der beim Betreten eines schönen Restaurants am Traumstrand bei Lagos - scheinbar nur für uns - gespielt wurde.

Wolfsheim „Kein Zurück"

„**Kein Zurück**" wurde 2003 veröffentlicht. Der Synthie - Pop - Song wurde von Axel Ermes, Peter Heppner und Markus Reinhardt geschrieben. Er ist als Titel 4 (3:50) auf

dem Album „Casting Shadows" vertreten (Label: (Strange Ways Records; Produktion: José Alvarez - Brill, Axel Breitung, Andreas Herbig u.a.).

Im Jahr 1987 begannen der Sänger Peter Heppner und der Keyboarder Markus Reinhardt, die musikalische Vorbilder in den Bands Kraftwerk und Bauhaus hatten, gemeinsam in Hamburg Elektropop-Musik zu machen und gaben sich den Namen Wolfsheim (eminence-of-darkness.de).

Wolfsheim bezieht sich auf eine Figur in F. Scott Fitzgeralds Roman „Der große Gatsby" und „vereint heimisch Vertrautes mit der Faszination stiller Sehnsucht nach der unbekannten, wilden Schönheit einer noch unberührten fremdartigen Welt".[112]

Das Resultat waren rein synthetisch geschaffene, melodische Songs, die v.a. durch Peter Heppners charakteristische und sehnsuchtsvolle Stimme gekennzeichnet sind.

Wolfsheim erwarb sich bald eine große Fangemeinde und hat bis zu ihrer Auflösung im Jahr 2009 (wegen Unstimmigkeiten) folgende erfolgreiche Alben veröffentlicht: „No Happy View" (1992), „Popkiller" (1993), „Dreaming Apes" (1996), „Spectators" (1999; Verleihung Goldene Schallplatte), „Casting Shadows" (2003; Platinauszeichnung) u.a.[113]

Laut Peter Heppner soll das Lied „Kein Zurück" (Verleihung Goldene Schallplatte) den Hörer an Erlebnisse aus dem eigenen Leben erinnern[114]:
„Weißt du noch, wie's war: Kinderzeit ... wunderbar ... Die Welt ist bunt und schön. Bis du irgendwann begreifst, dass nicht jeder Abschied heißt, es gibt auch ein Wiedersehen. Immer vorwärts, Schritt um Schritt. Es gibt kein Weg zurück!"

Meiner Ansicht nach geht es in diesem Song v.a. um den Wert von Zeit. Also: Schaffe Glücksgefühle im Leben, denke positiv, sei mitfühlend und freundlich, schaue nach vorn, schaffe dir Ziele, handele zeitnah und erfreue dich möglichst auch an kleinen Dingen, denn wie es im Liedtext heißt:

„Dein Leben dreht sich nur im Kreis, so voll von weggeworfener Zeit. Und deine Träume schiebst du endlos vor dir her. Du willst noch leben irgendwann, doch wenn nicht heute, wann denn dann? Denn irgendwann ist auch ein Traum zu lange her."

Marcus Miller
„´Cause I love you"

„´Cause I love you" wurde im Jahr 2008 veröffentlicht. Der Funk-Song wurde von Marcus Miller und Shihan Van Clief komponiert. Er ist als Titel 8 (Länge: 3 : 12)

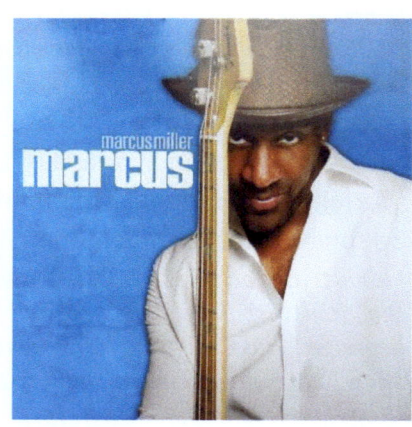

auf dem Album „Marcus" vertreten (Label: 3 Deuces Records; Produktion: Marcus Miller, David Isaac).[115]

Der US-Amerikaner Marcus Miller ist ein Meister des extrem funkigen E-Bass-Spiels (marcusmiller.com): „Er verfügt über einen der unverkennbarsten [...] Elektrobasssounds der achtziger und neunziger Jahre. Millers federnde Rhythmen sind das Optimum an swingender Intensität [...] [sie] grooven mit katzenhafter Geschmeidigkeit, wie ein Panther kurz vor dem Sprung."[116]

Nachdem Marcus im Alter von acht Jahren Blockflöte erlernt hatte, folgte bald die Klarinette und während der Highschool

126

die Bass-Gitarre. Auf dem College studierte er Musiker-
ziehung und ging bereits ab 1975 als Bassist mit Bobbi
Humphrey auf Tournee. Seinen Durchbruch erzielte Marcus
Miller bei Miles Davis, in dessen Band er ab Anfang der
1980er Jahre vertreten war. Für Davis produzierte Miller
auch dessen funkige Alben „Tutu" (1986) und „Amandla"
(1989). Danach konzentrierte er sich auf die Arbeit als
Musikproduzent und auf eigene Band-Projekte. Bis 2018 erschienen etliche Solo-Veröffentlichungen (z.B. „The Sun
Don´t Lie", 1993; „Tales", 1995; „M^2", 2001 (Grammy); „Sil-
ver Rain", 2005; „Free", 2007; „Marcus", 2008; „Renais-
sance", 2012; „Afrodeezia", 2015; „Laid Black", 2018).

Besonders gefragt ist Miller auch als Studio- und Session-
Musiker. Er ist auf über 500 Platten-Aufnahmen vertreten;
u.a. mit George Benson, Jack DeJohnette / World Saxophone
Quartet, Donald Fagen, Roberta Flack, Aretha Franklin, Jean-
Michel Jarre, Al Jarreau, Bobby McFerrin, David Sanborn, Boz
Scaggs, Tom Scott und Luther Vandross.[117]

Der Songtext von „´Cause I love you" (Marcus
Miller: Bass, Schlagzeug, Klarinette, Keyboards,
Synthesizer; Shihan Van Clief: Gesang; The Ivey
Sisters – Tavia, Kenya, Ulisa: Hintergrund-Gesang)
ist voller Sehnsucht nach Liebe: „*Fall into you, is
all I seem to do ... When I hit the bottle, because
I'm afraid to be alone. Tear us in two, is all it
seems to do*". „*Don't give up on the dream, don't
give up on the wanting. Because I want you too,
because I want you too, because I want you too,
because I want you, because I want you.*"

George Duke „Sudan"

„**Sudan (It´s A Cryin´ Shame)"** wurde im Jahr 2008 veröffentlicht. Der Jazz-Funk-Song wurde von George Duke komponiert. Er ist als Titel 10 (5:10) auf dem Album „Dukey Treats" vertreten (Label: Heads Up International; Produktion: George Duke, Dave Love).[118]

„Dukey Treats" ist das 29. Studioalbum von George Duke. Es erreichte Platz 3 in den US-Jazz-Album-Charts (George Duke: Gesang, Keyboards, Synthesizer; Jonathan Butler: Gesang; Michael Manson: Bass; Jef Lee Johnson: Gitarre; Ron Bruner Jr.: Schlagzeug; Sheila E.: Perkussion u.a.).[119] Dukes vielseitige künstlerische Persönlichkeit lässt auch auf diesem Album den Vokalparts genügend Raum (z.B. in „Listen Baby" oder „Sudan") und arrangiert Funk-Stücke so (z.B. in „Mercy" oder „Everyday Hero"), dass sich die Instrumente in ihrer Gesamtheit sehr gut in ein knackiges Groove-Gerüst einfügen.

Hauptmotivation, den Song „Sudan (It's a cryin' shame)" zu schreiben, war für Duke das Elend in der sudanesischen Provinz Darfur und die Hilflosigkeit der Öffentlichkeit und der internationalen Gemeinschaft[120] bzw. gar das Fehlen der Bereitschaft, derartige Verbrechen zu stoppen („*To cause such pain and misery. As the world sits by and let people die*"). Tausende von Menschen sind in Darfur an der Grenze zwischen Sudan und Tschad immer wieder auf der Flucht vor Gewalt, Unterernährung, Raub und Mord, die die Folgen eines jahrelangen grausamen Bürgerkriegs in diesem afrikanischen Land sind („*No sense of hope, it's a slippery slope. To mass despair. Resolutions come, but little is done. It's a tragedy*").

Der Songtext formuliert des Weiteren eine Anklage („*Politicians squawk while the UN balks*") und vergleicht diesen fast vergessenen Konflikt („*It's the shame of the world*") mit dem Völkermord in Ruanda im Jahr 1994 („*Is it Ruanda again, blacks killing blacks, who wins?*").

Er schließt mit einer ernüchternden Aussage: „*Sudan, it's a cryin' shame. Wonder who's to blame. Sudan, Darfur inflamed. It's just so insane.*"

Bluey Maunick
„Life Between The Notes"

„Life Between The Notes" wurde im Jahr 2015 veröffentlicht. Der R&B-Soul-Song wurde von Bluey Maunick (Gitarre, Gesang) u. Richard Bull 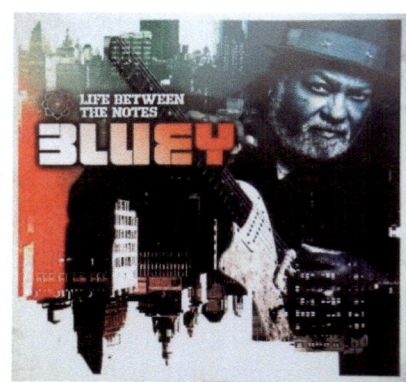 (Schlagzeug, Perkussion, Bass, Keyboards) komponiert. Er ist als Titel 2 (5:11) auf dem Album „Life Between The Notes" vertreten (Label: Dome Records; Produktion: Bluey Maunick, Richard Bull, Graham Harvey, Matt Cooper, Ski Oakenfull).[121]

Jean-Paul „Bluey" Maunick ist ein britischer Gitarrist, Komponist und Produzent, der in Mauritius geboren wurde. Er leitet die britische Acid Jazz-Band Incognito seit ihrer Gründung im Jahr 1979. Davor war er Gründungsmitglied der Band Light Of The World (siehe auch S. 112/113). Bluey hat bisher auch drei erfolgreiche Solo-Alben veröffentlicht: „Leap of Faith" (2013), „Life Between The Notes" (2015) und „Tinted Sky" (2020).

Das Album „Life Between The Notes" „macht uns nicht mit der -zigsten Version des wohlfeilen Incognito Sound-Schemas bekannt, sondern verlegt sich meist auf die zahlreichen Zwischentöne der Wegmarken aus Soul und Jazz […]: knackende Funk-Dancer, sparsam arrangierte Moody-Grooves, Latin-Schwung und immer wieder ein deutliches Gefühl von Jazz."[122]

Der Songtext von „Life Between The Notes" ist Ausdruck des leidenschaftlichen Komponisten und Musikers Jean-Paul „Bluey" Maunick, der ein erfülltes Leben zwischen den Noten („*Living life between the notes, playing my music, feeding my soul*") und in seinem musikalischen Kosmos leben darf („*On a grey day I can write about the blue sky. And when it's cold outside I can sing about the sunshine*").

Inspiriert wird er dabei von seinen musikalischen Helden („*I get up to Aretha, get down to James Brown, looking up to Quincy, inspired by Marvin Gaye […] So I dance to Rufus, get down to Chaka Khan, moving up to Curtis, as Bobby stops on by*").

Eine Songtext-Zeile konnte ich selbst auf vielen Incognito-Konzerten ganz besonders nachempfinden: „*Where everyday is the best day of my life*".

Udo Lindenberg
„Coole Socke"

„**Coole Socke**" wurde im Jahr 2016 veröffentlicht. Der Pop-Rock - Song wurde von Udo Lindenberg, Sera Finale, Sandi Strmljan, Frank Gerber u. Justin Balk verfasst. Er ist als 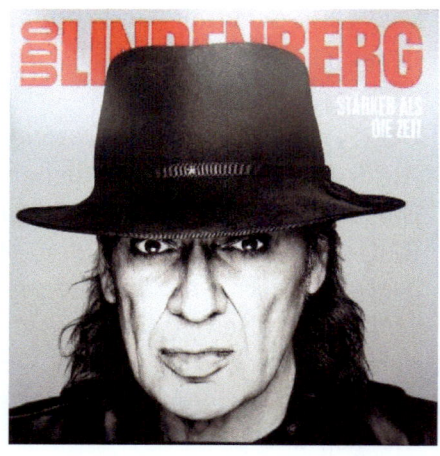 Titel 10 (Länge: 4:12) auf dem Album „Stärker als die Zeit" vertreten (Label: Warner; Produktion: Andreas Herbig, Henrik Menzel, Peter Seifert).

„Stärker als die Zeit", an dem über eine lange Zeit akribisch gearbeitet wurde, ist das 36. Studioalbum von Udo Lindenberg. Es erreichte Platz 1 der deutschen Albumcharts für Musikalben, Platz 7 in Österreich und Platz 2 in der Schweiz. Als Auszeichnung für Musikverkäufe erhielt diese herausragende Produktion 1x Gold und 2x Platin.[123]

Im Mittelpunkt des Songtextes von „Coole Socke"
(Udo Lindenberg: Gesang; Jörg Sander: Gitarre;
Peter Seifert: Bass; Henrik Menzel: Piano; Simon
Gattringer: Schlagzeug; Tim Lorenz: Perkussion
u.v.a.) steht „Harry Hänger", ein Kumpel von
Udo Lindenberg im Song oder evtl. auch im
wahren Leben („*Ich kenn dich jetzt schon ein
bisschen länger, du mein Kumpel, Harry Hänger*").
Höchstwahrscheinlich steckt viel Biographisches
in diesem Lied.

Harry hat einerseits zwar gewisse Schwächen („*Ob
du breit bist oder nüchtern, immer einen kleinen Tick
zu schüchtern*" [gegenüber der „Mörderbraut"].
*Hat doch jeder schon erlebt, ein bisschen gehemmt.
Immer wenn es drauf ankommt, leicht verklemmt*").

Andererseits kann er sehr abgebrüht sein und hat
es faustdick hinter den Ohren („*Auf'm Job oder in
der Kantine oder sonst irgendwo auf der Lebens-
bühne. Wenn dir ein Fredi blöde kommt, dann sagst
du ihm charmant und prompt: Beim Verteilen der
höheren Weisheit standst du hinten ganz allein. Hey,
dein Gesicht und mein Arsch könnten gute Freunde
sein.*").

„Harry Hänger" ist folgerichtig „*'ne coole Socke,
genau so muss das sein. Du bist so cool, ey, hinter
dir fängt es an zu schneien*".

2019: Blitze zucken, mächtige Raketentriebwerke brüllen – Udo Lindenberg schwebt auf einer Mondfähre gen Erde ein, und wir sind mit 10.000 Fans live in Hannover dabei. Der Altrocker - von in goldene Overalls gekleidetem weiblichem Bodenpersonal geleitet - beginnt seine beeindruckende Reise durch viele Jahrzehnte Songgeschichte und wird während seiner zweieinhalbstündigen Show (einer Revue mit 80 Musikern, Tänzern und Schauspielern) immer wieder lautstark gefeiert.

Udo Lindenberg macht sein Ding mit „Boogie Woogie Mädchen", „Honky Tonky Show", „Alles klar auf der Andrea Doria", „Bunte Republik Deutschland" (mit Ole Feddersen), „Ich brech´ die Herzen der stolzesten Frau´n" (mit Nathalie Dorra), „Straßenfieber", „Johnny Controletti", „Sonderzug nach Pankow" und „Stärker als die Zeit". Obwohl „Cello" bereits 46 Jahre alt ist, klingt es für uns frisch und wie brandneu. Bei „Candy Jane" tanzt die ganze Halle und wogt hin und her.

Kongeniale Partner des Bandleaders sind die langjährigen Panikrocker Steffi Stephan (Bass), Bertram Engel (Schlagzeug), Jean - Jaques Kravetz (Keyboards), Hannes Bauer (Gitarre), Hendrik Schaper (Keyboards) und Jörg Sander (Gitarre).

Nach vielen politischen Botschaften („die Politnasen da oben", Lob für Fridays for Future) und den Songs „Eldorado", „Auf Wiedersehen, Seemann" und „Odyssee" schwebt der Astronaut Udo dann in seiner Raumkapsel wieder aus der Halle. Dabei lässt er es noch einmal richtig krachen, und zum Abschluss zünden Feuerbälle auf der Projektionswand, die die Halle erzittern lassen.

Santana IV
„Leave Me Alone"

„Leave Me Alone" wurde 2016 veröffentlicht. Der Latin Rock - Song wurde von Gregg Rolie, Carlos Santana u. Michael Shrieve geschrieben. Er ist als Titel 13 (Länge: 4:02) auf dem 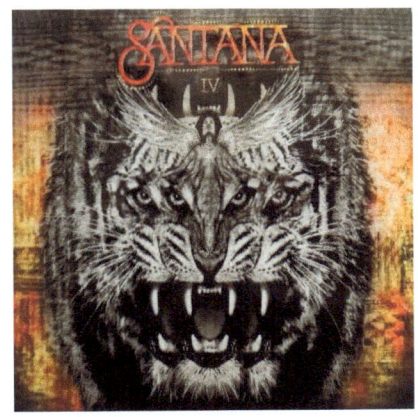 Album „Santana IV" vertreten (Label: Santana IV; Produktion: Santana).[124]

Im Jahr 2015 war es Carlos Santana doch tatsächlich gelungen, die alte Santana-Band aus den frühen 1970er Jahren mit Michael Carabello, Gregg Rolie, Neil Schon und Michael Shrieve wieder ins Leben zu rufen (ohne David Brown, der nach starkem Drogenkonsum im Jahr 2000 an Organversagen starb, und den nicht eingeladenen José Areas). 2016 präsentierte die wichtigste Latin-Rock-Band dann ihr mit großer Spannung erwartetes Album „Santana IV", das an die Alben Santana I bis III von 1969 bis 1971 anknüpfte.

Dabei war es v.a. Neil Schon gewesen, der den ersten Anstoß zu diesem Projekt gegeben hatte, welcher schließlich zu einem sensationellen Comeback „im alten Santana-Geist" führte (unterstützt durch Karl Perazzo, Perkussion, Timbales; Benny Rietveld, Bass; und Ronald Isley, Gesang).[125]

War hier nur eine „Seniorenkapelle auf dem Retro-Trip", die mit einem „risikolosen Routinealbum die Rente absichern wollte", fragte die Musikkritik zunächst skeptisch, um dann aber Lobeshymnen anzustimmen.

„Santana rocken und grooven wie einst im Mai (1969). Dann nestelt man das Album aus der hübsch gemachten Digibox – und vom ersten Takt an musiziert diese „Seniorenkapelle" alle Bedenken fulminant über den Haufen. Scharfkantige Gitarren, sehnig-straffe Beats, afrikanische Vocals: Schon der Opener „Yambu" entwirft jene magischen Vibes, die Santana in ihren besten Zeiten zur Kultband machte."

Man hört, „dass hier kein bisschen Routine herrscht, sondern ein Feuer lodert, als spiele eine Horde von Rock-Haudegen im besten Alter auf dem Zenit ihrer Schaffenskraft. Es ist fast schon eine testosterongeschwängerte Aura, die Santana IV ausstrahlt: viril, funky, physisch."[126]

Der Song „Leave Me Alone" fügt sich nahtlos in dieses lodernde Feuer ein und spannt einen Bogen zum rasanten Santana-Latin-Rock der 1970er Jahre.

Inhaltlich geht es in diesem Lied um das Thema Liebe und den Kampf um ihren Fortbestand bei Konflikten (*You told me in the morning light, the meaning of love has changed"; „How can I make you stay?"*).

Der Songtext enthält dann folgende flehende Bitte: *„Baby, don't go ... For love that we made [...] I never want to say leave me alone, leave me alone. Don't make me feel this way."*

„Santana IV" zeigt auf, dass die alten Kämpen das Musizieren nicht verlernt haben; der Sound ist gewaltig, es groovt wie in besten Tagen und mit diesem herrlichen 1970er-Jahre-Spirit:

Die fette Hammond-Orgel von Gregg Rolie gepaart mit gefühlvollen Gitarrenklängen von Carlos Santana und Neil Schon sowie den gewohnt perkussiven Santana-Rhythmen in fast „alter" Besetzung und auch mit neuen Songs.

Ich habe vor Freude feuchte Augen bekommen, denn es gibt nicht viele Bands, die in Woodstock dabei waren und auch heute noch mit derselben Intensität spielen!

Neil Young & Crazy Horse „She Showed Me Love"

„**She Showed Me Love**" wurde 2019 veröffentlicht. Der Rock-Song wurde von Neil Young verfasst. Er ist als Titel 2 (Länge: 13 : 36) auf dem Album „Colorado" vertreten  (Label: Reprise; Produktion: Neil Young, John Hanlon).[127]

Als 2019 fünfzig Jahre nach Bandgründung ein neues Album von Neil Young Crazy Horse erschien, waren die Erwartungen groß. Nachdem Frank Sampedro wegen Arthritis in den Handgelenken aus der Band hatte ausscheiden müssen, war er durch den alten Freund Nils Lofgren ersetzt worden, der in der Zwischenzeit als Solokünstler und als Mitglied der E-Street-Band von Bruce Springsteen erfolgreich gewesen war.

Aufnahme und Bearbeitung von „Colorado" fanden in den Rocky Mountains in Colorado im 2700 Meter über dem Meer gelegenen Studio „In The Clouds" statt und führten die Band wieder einmal zu neuen Höhenflügen.[128]

„Colorado" - das Album des Monats in der November-Ausgabe 2019 des Rolling Stone - fängt die Energie und Leidenschaft von Crazy Horse aus der Session in den Bergen mit einem phantastischen Klang wunderbar ein (Nils Lofgren: Gitarre, Klavier, Orgel, Gesang; Ralph Molina: Schlagzeug, Gesang; Billy Talbot: Bass, Gesang; Neil Young: Gesang, Gitarre, Piano, Mundharmonika, Vibraphon, Glasharmonika).

„Ein starkes Album haben die alten Kerle da abgeliefert. Und Neil Young gibt einfach und glücklicherweise keine Ruhe: Seine mal sanftschöne, dann wieder brachial-schräge Musik transportiert wichtige menschliche Werte und engagierte Inhalte und wendet sich damit gegen eine Welt voller Hass und Gewalt. Neil Young bleibt eine Stimme der Hoffnung!"[129] „Colorado" ist ein raues, dynamisches und facettenreiches Album – „eine späte Sternstunde von Neil Young im Verbund mit Crazy Horse."[130]

Thematisch ist das Album, das einmal mehr kritische Töne anschlägt, die nachdenklich, kämpferisch und zugleich aber auch hoffnungsvoll klingen, vor allem in Bezug auf den die Menschheit bedrohenden Klimawandel, brandaktuelle Umweltproblematiken und mögliche Lösungsstrategien ausgerichtet.

In dem Protestsong „She Showed Me Love" mit seinem vorwärtsstampfenden Rhythmus und rohen Gitarrensound beschuldigt der Komponist und Texter in erster Linie weiße alte Männer [v.a. in der Trump-Registration wegen ihrer Leugnung des Klimawandels], die die Natur zerstören würden (*„I saw old white guys trying to kill mother nature"*).

Zwar sei er ja auch wohl selber ein alter weißer Mann (*„You might say I'm an old white guy"*), aber trotz vieler negativer Entwicklungen weiterhin voller Ideale, was den Natur- und Umweltschutz auf der Erde (*„She showed me love"*) angehe (*„If I tell you what I see, you might not believe me"*). Letztlich enthält der Songtext eine optimistische Botschaft hinsichtlich der Zukunft unseres [noch] blauen Planeten: *„I saw young folks fightin' to save mother nature."*

Man kann nur hoffen, dass Neil Youngs unermüdliche Appelle an die menschliche Vernunft nicht ohne wirkliche Einsicht verhallen, sondern eine nachhaltige Wirkung für eine gute Zukunft der Menschheit auf dem blauen Planeten zeitigen.

Mandrill
„Summer In The City"

„**Summer In The City**" wurde im Jahr 2020 veröffentlicht und gilt als ein Beispiel des R&B und Latin Rock. Der Song wurde von den Wilson Brothers u. Jesse Flores komponiert. Er ist als Titel 4 (Länge: 4:50) auf dem Album „Back In Town" (Label: Code Black; Produktion: Wilson Brothers) vertreten.

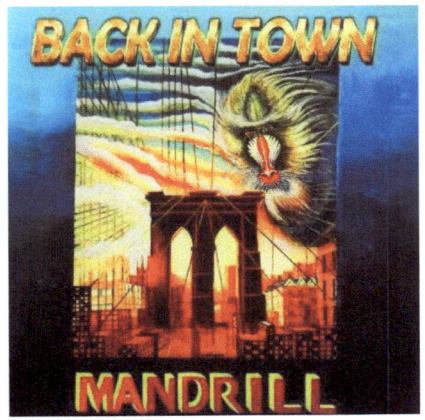

Die aktuelle Besetzung zu „Back In Town", das im Jahr 2020 recht überraschend erschien, besteht aus den Gebrüdern Carlos Wilson (Gesang, Posaune, Flöte, Saxophon, Gitarre, Timbales, Congas, Perkussion), Lou Wilson (Gesang, Trompete, Congas, Keyboards, Harmonika, Perkussion), Ric Wilson (Gesang, Saxophon, Congas, Perkussion),

Wilfred „Wolf" Wilson (Gesang, Bass, Gitarre, Congas, Perkussion), Mark Rey (Lead-Gitarre), Stacy Lamont Sydnor (Schlagzeug, Perkussion), Derrick Murdoc (Bass), Eli Brueggemann (Keyboards, Piano, Synthesizer) und Keith Barry (Viola, Saxophon, Flöte, Harmonika).[131]

Das Album enthält erneut einige überragende Funk-/Latin-Stücke (wie z.B. „Ape´s Back In Town", „Summer In The City" oder „Mandrill Got Da Funk") und präsentiert sich als eine gelungene Mischung aus afrokaribischen Klängen, Funk-, Jazz-, Latin-, R&B- und Rockelementen sowie Weltmusik.

Der Song „Summer In The City" (mit Gastmusikern, so z.B. mit Jesse Flores: Gesang, Gitarre) sieht den Erzähler auf einem Spaziergang durch den New Yorker Central Park, den er sehr genießt („*Strolling Central Park, I can see the city. The city's beating heart in every face I meet. New York, you are all I need.*")

Zu lateinamerikanischen Rhythmen erinnert der Songtext dann recht wehmütig an eine vergangene Liebesgeschichte im Sommer („*Feels like yesterday. Love was ours and I let it slip away. Remembering the days in New York, New York. It was summer in the city*").

Neil Young With Crazy Horse „Break The Chain"

„**Break The Chain**" wurde 2022 veröffentlicht und gilt als ein Beispiel des Grunge Rock. Der Song wurde von Neil Young komponiert. Er ist als Titel 6 (Länge: 4:08) auf dem Album „World Record" (Label: Reprise; Produktion: Rick Rubin, Neil Young) vertreten.[132]

Die „Horse" (Neil Young: Gitarre, Lead-Gesang, E-Piano, Klavier, Pumporgel, Vibraphon, Marxophon, Mundharmonika, Perkussion; Nils Lofgren: Lap-Steel-Gitarre, Slide-Gitarre, Pedal-Steel-Gitarre, Dobro, A-Gitarre, Akkordeon, Klavier, Schlagzeug, Gesang; Ralph Molina: Schlagzeug, Gesang; Billy Talbot: Bass, Gesang) haben sich auf diesem bluesigen Folk-/Country-/Grunge-Rock-Album erneut mit dem Zustand der Erde und dem Thema Umweltschutz beschäftigt.

Auf dem Cover ist ein Foto von Youngs Vater, dem Journalisten Scott Young, zu sehen. Daneben ist sein Geburtsdatum aufgedruckt.

Innerhalb des Albums finden sich auch Bilder seiner Mutter Rassy, seines Bruders Bob und seiner Halbschwester Astrid mit ihren jeweiligen Geburtsdaten.

„Wir sitzen nun schon seit einigen Monaten auf dieser Platte, und so sehr wir auch unsere private Zeit damit genossen haben, so sehr freuen wir uns, dass ihr sie nun endlich hören könnt", war Ende 2022 im Netz (neil-young.info) zu lesen.

„World Record" ist ein starkes, sehr emotionales Protest-Album mit einer bisher ungehörten, faszinierenden Kombination von Instrumenten geworden, in dem v.a. die Befindlichkeit der ganzen Erde, der Klimawandel und die Umweltzerstörung mit den damit zusammenhängenden Gefahren beschrieben werden.

Viele Songs drücken eine Sehnsucht nach früheren Tagen aus, als der Planet noch viel gesünder war. Die Welt sei zu schön, um damit nachlässig umzugehen, und daher müsste alles Mögliche getan werden, um die Einstellung zu dieser Problematik immer wieder auf den Prüfstand zu stellen.[133]

Das rockige „Break The Chain" ist ein eindringlicher Song mit mächtigem Gitarrensound, einer vollen „Horse"-Dröhnung und einer wiederum starken Botschaft.

Abermals soll den Menschen bewusst gemacht werden, dass wir nur diese einzige Erde haben („*I'm gonna love every breath that I take*"), um deren gute Zukunft man sich besorgen („*When I am outside and I take a deep breath*") und für die man protestieren sollte („*Walk as straight as my eyes can see*").

Dieses Lied ist ein dringender Aufruf, endlich zu handeln, um unseren Planeten vor weiteren negativen Folgen von Klimaerwärmung und Umweltzerstörung zu bewahren:

„Let's break the chain

let it die on the vine

Break the Chain

With no human home

and scarce little time

Break the Chain

Break the Chain."

City „Tanz mit mir"

„Tanz mit mir" wurde im Jahr 2022 veröffentlicht und gilt als ein Beispiel des Deutsch - Rock. Der Song wurde von Ulrich Pexa und Alfred Roesler - Kleint ver-  fasst. Er ist als Titel 2 (Länge: 3:30) auf CD 1 des Doppel-Albums „Die letzte Runde" (Label: Electrola; Produktion: Andre Kuntze) vertreten.[134]

Diese deutsche Rockgruppe (city-internet.de) wurde im Jahr 1972 in Ostberlin gegründet. Sie nannte sich in den Anfangs-jahren City Rock Band und zählt neben den Puhdys und Karat zu den erfolgreichsten DDR-Bands. Gründungsmitglieder waren Fritz Puppel (Gitarre), Klaus Selmke (Schlagzeug), Ingo Döring (Bass), Frank Pfeiffer (Gesang) und Andreas Pieper (Flöte). Ab 1974/75 kamen neu hinzu: Georgi Gogow (Bass, Geige), Toni Krahl (Gesang) und ab dem Jahr 1982 Manfred Hennig (Tasteninstrumente).

Nachdem die Band in der Ursprungsbesetzung einige Coverversionen (u.a. Songs von Santana, Jimi Hendrix, The

Rolling Stones) gespielt hatte, erschienen 1975 ihre ersten eigenen Lieder, wie z.B. „Der Spatz" und „Die Frau des Seiltänzers". Der Durchbruch kam im Jahr 1977 mit dem Song „Am Fenster", der sich allein in der DDR über 100.000mal und weltweit bis heute über 10 Mio. Mal verkaufte. Ihre gleichnamige Debüt-LP (1978) wurde im Ausland mit mehreren Goldenen Schallplatten ausgezeichnet. 1980 erschien mit ihrem Album „Dreamland" die erste englischsprachige LP einer ostdeutschen Rockgruppe.

City bemühten sich mit ihren metaphernreichen und vieldeutigen Texten, unbequeme Gegebenheiten der DDR-Wirklichkeit auszusprechen und so zur Wahrheitsfindung beizutragen. Besonders deutlich wird dies bei ihrem erfolgreichen Album „Casablanca" mit den Titeln „Susann" und „Wand an Wand" von 1987. Sänger Toni Krahl (gerne auch als „Joe Cocker des Ostens" bezeichnet) protestierte 1968 mit Flugblättern gegen den Einmarsch der Warschauer-Pakt-Staaten in die CSSR und wurde dafür zu drei Jahren Gefängnis verurteilt. 1997 feierten City nach Überstehen schwieriger Wendezeiten ihren 25. Geburtstag, und ihr Debütalbum erhielt Platin für über 500.000 verkaufte Einheiten. Weitere erfolgreiche Alben waren: „Am Fenster 2", das 2002 Spitzenpositionen in den deutschen Charts belegte, „"Yeah ! Yeah! Yeah" (2007), „Für immer jung" (2012), „Das Blut so laut" (2017) und kurz vor der Bandauflösung „Die letzte Runde" (2022).

Sowohl mit dem großartigen Album „Die letzte Runde" als auch der gleichnamigen Tour verabschiedeten sich City in ihrem 50. Jubiläumsjahr von ihren Wegbegleitern und Fans. Das allerletzte Konzert fand am 30.12.2022 in Berlin statt.[135]

Der Song „Tanz mit mir" hat wie das ganze Album auch einige nachdenkliche Momente (*„Sie weiß nicht mal, bei wem er jetzt wohnt. Sie liegt allein im Bett und hat dem Mond den Ton abgedreht und hört ihr Herz, das schlägt"*), aber besticht vor allem durch beständigen Optimismus (*„Ein kleines Stück Hoffnung, das wär' doch mal was und nicht bloß ein halbvolles Glas"*) und die Kraft, in jeder Lebenssituation immer nach vorne zu schauen (*„Tanz mit mir, lass die Albträume sterben. Tanz mit mir, bis über die Nacht"; „Es wird schon noch werden, hat immer geklappt. Doch heute war es mal wieder knapp."*).

2015: Meine Frau und ich sitzen mit Hunderten von Fans voller Vorfreude im Großen Saal des Klubhaus´ Thale zu Füßen des Hexentanzplatzes und fiebern dem Konzert von City entgegen.

Dann kommen die Legenden des Ostrock 43 Jahre nach Gründung der Band wie aus einem Jungbrunnen entstiegen auf die Bühne und nehmen uns auf eine Zeitreise in die eigene Jugend mit. „Glastraum", „Danke Engel", „Casablanca", „Flieg ich durch die Welt": ein Ohrwurm nach dem anderen ertönt und wird durch lautstarken Applaus belohnt, der sicherlich noch weit ins Harzvorland hinaus ausstrahlt.

Zum Abschluss kommt er dann natürlich - der Megahit schlechthin: „Am Fenster". Fast alle Konzertbesucher singen mit, und wir sehen nur fröhliche Gesichter um uns herum.

Peter Gabriel „Road To Joy"

„**Road To Joy**" wurde 2023 veröffentlicht und gilt als ein Beispiel des Funk Rock. Der Song wurde von Peter Gabriel u. Brian Eno verfasst. Er ist als Titel 6 (5:21) auf dem

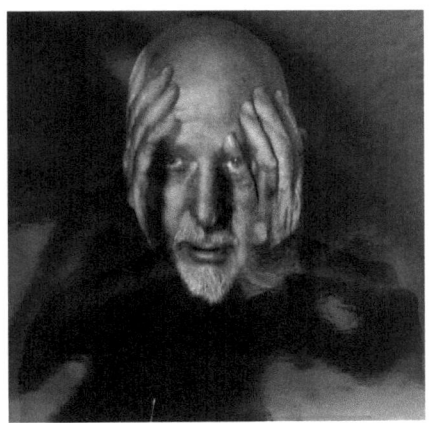

Album „i/o" (Label: Real World; Produktion: Peter Gabriel, Brian Eno, Richard Russell) vertreten.[136]

Dieser britische Musiker, Komponist und Video-Künstler begann schon mit elf Jahren Songs zu schreiben und gründete wenig später an seiner Schule eine eigene Band, aus der später Genesis hervorging (petergabriel.com). Nach seinem Ausstieg dort startete Peter Gabriel eine Solokarriere, in der er eigene Pop- und Rockmusik-Kompositionen mit progressiven Elementen und Einflüssen aus der Weltmusik vermengte und sie in bahnbrechenden Videos und aufwändigen Liveshows mit Gastmusikern von allen Kontinenten darstellte.

Von 1977 bis 1985 veröffentlichte Gabriel fünf Soloalben, aus denen sehr erfolgreiche Singles hervorgingen, z.B. „Solsbury Hill", „Shock The Monkey", „No Self-Control", „I Have The Touch" und „Games Without Frontiers". Der ganz große Erfolg kam im Jahr 1986 mit dem Album „So", das weltweit obere Chartpositionen belegte und sich millionenfach verkaufte. Zu den Single-Hits „Sledgehammer" und „Big Time" wurden preisgekrönte Videos gedreht, die aufgrund von Spezialeffekten völlig neue Standards setzten.

Auch „Us" von 1992 fand großen Gefallen beim Publikum. Dazu produzierte Videos stellten wieder alles bis daher Gesehene in den Schatten. Auf das Album „OVO" (2000) folgte „Up" (2002), Gabriels bisher umfangreichste Studioarbeit, überwiegend von ihm selbst produziert und in einem düsteren Sound gehalten. Viel beachtet wurden danach auch „Scratch My Back" (2010), das Coverversionen enthält, „New Blood" (2011) mit Neuinterpretationen eigener Songs und v.a. „i/o" (2023).

Für seine Musik erhielt Peter Gabriel folgende Preise und Auszeichnungen: zehn MTV-Video-Awards, 5 Grammys, Silberne Rose von Montreux, Frankfurter Musikpreis, BT Digital Music Pioneer Award und Aufnahme in die Rock and Roll Hall of Fame im Jahr 2014.

Darüber hinaus ist Gabriel auch an vorderster Front als Aktivist der humanitären Hilfe für die Bewahrung der Menschenrechte tätig. Dabei unterstützt er z.B. Amnesty International auf Benefizkonzerten zusammen mit anderen Künstlern, wie Bruce Springsteen oder Tracy Chapman. Außerdem ist er Mitbegründer der Menschenrechtsorganisation Witness, die weltweit Aktivisten zur Dokumentation von Menschenrechtsverletzungen mit Kameras ausrüstet. [137]

„i/o" wurde erst als vollständiges Album veröffentlicht, nachdem alle 12 Titel nacheinander als
Singleauskopplungen zum Download erschienen
waren. Die Fähigkeit der Vergebung als Schlüssel
zur Menschlichkeit und zu Frieden und Freiheit ist
neben Themen wie Zeit, Trauer, Ungerechtigkeit
u.a. ein zentrales Motiv des Albums.

Der Song „Road To Joy" (Peter Gabriel: Piano, Syn-
thesizer, Gesang; David Rhodes: Gitarre; Don-E:
Bass Synthesizer; Tony Levin: Bass; Manu Katché:
Schlagzeug; Josh Shpak: Trompete, Waldhorn;
Brian Eno: Programmierung, Gitarre, Ukulele;
Hans Martin Buff: Perkussion, Synthesizer; Ron
Aslan: Synthesizer; John Metcalfe: Streicher-
Arrangements; Soweto Gospel Chor u.a.) befasst
sich mit Nahtod-Erfahrungen.

Laut Peter Gabriel selbst geht es im Songtext um
eine im Koma liegende Person, die nicht kom-
munizieren und sich nicht bewegen kann (*„Been
so many days, been held inside this body. Been so
many days and there's nothing to do. Been so many
days in the throbbing of the darkness"*).

Nach scheinbar endlosen Zeiten der Regungs-
losigkeit findet sie schließlich zurück in ein freud-
volles Leben (*„Back in the world, waking up the
road to joy. Back in the world, walking down the
road to joy"*).[138]

Incognito
„Nothing Makes Me Feel Better"

„**Nothing Makes Me Feel Better**" wurde im Jahr 2023 veröffentlicht und gilt als ein Beispiel des Jazz Funk. Der Song wurde von Basile Petite, Jean-Paul Maunick und Drew 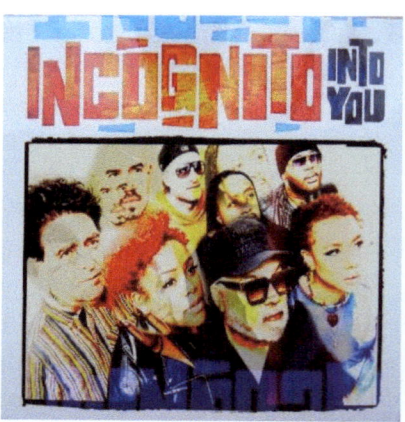 Wynen geschrieben. Er ist als Titel 3 (6:17) auf dem Album „Into You" (Label: Splash Blue; Produktion: Jean-Paul Maunick u.a.) vertreten.[139]

„Into You" ist das 19. Studioalbum von Incognito, ein wahrer Ohrenschmaus und vermittelt eine große Energie und Lebensfreude. Das Album besteht aus insgesamt 16 Songs, und „Bluey" Maunick und seine Musiker-Kollegen haben es über die Jahrzehnte seit Bandgründung geschafft, ihren einzigartigen Jazz Funk-Groove zu erhalten, aber auch immer wieder mit neuen Soundelementen zu beleben.

Der Songtext von „Nothing Makes Me Feel Better" beschreibt das musikalische Credo von Incognito: Wir machen das alles („*We came here to play*"), „um in die Gesichter der Zuhörer zu schauen und die Reaktionen des Publikums zu spüren („*there's nothing better than this feeling*") [...], wenn du dann die Leute siehst, deren Seele deine Musik berührt, die sich dann besser fühlen („*What ever you do makes me wanna get close to you. Whenever you dance my heart doesn't stand a chance*"), das ist es"[140] („*Nothing makes me feel better*").

Incognito-Mastermind Jean-Paul „Bluey" Maunick ist für mich ein echtes Vorbild in Bezug auf Mitmenschlichkeit und Mitgefühl: „Beyond colour, beyond creed, there is only one nation" lautet nämlich das Credo des unermüdlichen Kämpfers für Pazifismus, Menschenrechte und gegen Diskriminierungen. „Peace" und „Love" sind nicht nur nach meinem Eindruck die Wörter, die Bluey am häufigsten verwendet. Passend dazu intonieren er und seine Bandkollegen, die sich zudem für UNICEF engagieren, jeweils Bob Marleys „One Love" beim Abgang von der Konzertbühne.

Nach dem Auftritt nimmt sich der sympathische und allzeit gut gelaunte Optimist immer viel Zeit, um geradezu mit einer Engelsgeduld mit seinen Fans zu sprechen, Autogramme zu geben und frisch erworbene oder mitgebrachte Fanartikel ausführlich zu signieren.

Bücher und Magazine

Altenmüller, Eckart: Vom Neandertal in die Philharmonie. Warum der Mensch ohne Musik nicht leben kann. Springer Verlag, Berlin 2018

Baron, Mike: A Brief History Of Jazz Rock. WordFire Press, Colorado Springs 2014

Berendt, Joachim-Ernst; Huesmann, Günther: Das Jazzbuch. Von New Orleans bis ins 21. Jahrhundert. Fischer, Frankfurt a.M. 2017

Birkenstock, Arne; Blumenstock, Eduardo: Salsa Samba Santería. Lateinamerikanische Musik. Deutscher Taschenbuch Verlag, München 2002

Bitoun, Julien: Woodstock - Das Festival, das die Welt veränderte. Three Days Of Love And Peace. Delius Klasing, Bielefeld 2018

Dähn, Christine: Karat – Über sieben Brücken musst du gehen. Verlag Neues Leben, Berlin 2010

Densmore, John: Mein Leben mit Jim Morrison und den Doors. Hannibal, Höfen 2002

Dimery, Robert (Hrsg.): 1001 Alben - Musik, die sie hören sollten, bevor das Leben vorbei ist. Edition Olms, Zürich 2019

Du, Die Zeitschrift der Kultur: All That Funk. Ausgabe November 1999 / Heft Nr. 701

Easlea, Daryl: Das Leben und die Musik von Peter Gabriel. Hannibal, Höfen 2014

Eichener, Volker: They Rocked The City. Rockmusik und Gesellschaftlicher Umbruch. Zweitausendeins, Leipzig 2021

Erhart, Walter: Neil Young. Reclam, Stuttgart 2015

Faglioni, Gino: What The Funk, Eine Einführung in funky Music. Büro.9 Verlag, Köln 2008

Fogerty, John: Mein Leben – Meine Musik. Hannibal Verlag, Höfen 2016

Gillet, Charlie: The Sound of the City – Die Geschichte der Rockmusik. Verlag Zweitausendeins, Frankfurt am Main 1979

Girgsdies, Kornelia aka Else Somebodys: Immer dieses wilde Getöse. Das rockt! Von der Leidenschaft Musik zu leben. Konzerte. Festivals. Rock. Pop. Metal. Charles, Hamburg 2023

Griffiths, Paul: Geschichte der Musik – Vom Mittelalter bis in die Gegenwart. Metzler/Bärenreiter, Stuttgart und Kassel 2008

Hancock, Herbie: Möglichkeiten – Die Autobiographie. Hannibal, Höfen 2018

Handschin, Jacques: Musikgeschichte im Überblick. Heinrichshofen, Wilhelmshaven 1982

Hentschel, Christian; Matzke, P.: Yeah! Yeah! Yeah! City - Das Buch. Verlag Neues Leben, Berlin 2007

Hofacker, Ernst: Die 70er – Der Sound eines Jahrzehnts. Reclam, Stuttgart 2020

Iommi, Tony mit T.J. Lammers: Iron Man – Von Black Sabbath bis Heaven & Hell. Hannibal Verlag, Höfen 2012

Jacobs, Michael: All That Jazz – Die Geschichte einer Musik. Reclam, Ditzingen 2016

Kemper, Peter (Hrsg.): Von ABBA bis Zappa. Die Klassiker des Rock und Pop. Reclam, Stuttgart 2015

Kneif, Tibor (Hrsg.): Rock in den 70ern. Rowohlt, Reinbek bei Hamburg 1980

Kölsch, Stefan: Good Vibrations – Die heilende Kraft der Musik. Ullstein, Berlin 2019

König, Burghard (Hrsg.): Jazzrock – Tendenzen einer modernen Musik. Rowohlt, Reinbek bei Hamburg 1983

Leng, Simon: Santana – Die erste offizielle Biografie. Hannibal Verlag, Höfen 2000

Lindenberg, Udo (mit Thomas Hüetlin): Udo. Verlag Kiepenheuer & Witsch, Köln 2018

Meyer, Ingo: Frank Zappa. Reclam, Stuttgart 2018

Miller, Mark: Auf Tour mit Bob Marley. Hannibal Verlag, Höfen 2011

Rau, Fritz: 50 Jahre Backstage. Erinnerungen eines Konzertveranstalters. Palmyra, Heidelberg 2006

Reents, Edo: Neil Young – Eine Biographie. Rowohlt Verlag, Berlin 2005

Rensen, Michael; Stößer, Vilim: guitar heroes – Die besten Gitarristen von A-Z. PPVMEDIEN, Bergkirchen 2017

Roberts, David (Hrsg.): Die Chronik der Rockmusik – Die Geschichte des Rock von AC/DC bis ZZ Top. Librero, Kerkdriel (Niederlande) 2016

RollingStone: Keine Panik! Udo wird 70, Ausgabe Mai 2016

Rudolph, Hagen: Sechs Jahrzehnte Santana - Musiker, Alben, Songs, Geschichten. Eigenverlag, Bardowick 2022

Santana, Carlos (mit Ashley Kahn und Hal Miller): Der Klang der Welt – Mein Leben. riva Verlag, München 2015

Schmidt-Joos, Siegfried; Kampmann, Wolf: Rock-Lexikon, Bd. 1 und 2. Rowohlt Taschenbuch Verlag, Reinbek bei Hamburg 2008

Spitzer, Manfred: Das musikalische Gehirn. Wie Musik auf uns wirkt. mvg, München 2022

Vincent, Rickey: Funk. The Music, the People, and the Rhythm of The One. St. Martin´s Griffin, New York 1996

Willemsen, Roger: Musik ! Über ein Lebensgefühl. Fischer, Frankfurt a.M. 2018

Wizard, L.C.: Incognito – Acid Jazz-Funk Giganten. BoD, Norderstedt 2021

Wizard, L.C.: It´s Funky! Sly & The Family Stone - Earth, Wind & Fire … Funk, Inc. … Osibisa - Daft Punk. BoD, Norderstedt 2022

Wizard, L.C.: Airto Moreira – Jazz Fusion und Rhythmus pur aus Südamerika. BoD, Norderstedt 2023

Wizard, L.C.: Fusion Jazz-Juwelen. 25 Musikreisen im Jazzrock. BoD, Norderstedt 2023

Wizard, L.C.: Crazy Horse (Band) – 100 % Rock. BoD, Norderstedt 2023

Wizard, L.C.: Live Musik-Schätze. BoD, Norderstedt 2024

Wizard, L.C.: Faszination Weltmusik. BoD, Norderstedt 2025

Young, Neil: Ein Hippie - Traum. Verlag Kiepenheuer & Witsch, Köln 2012

Quellenangaben

1   Altenmüller, Eckart: Vom Neandertal in die Philharmonie. Warum der Mensch ohne Musik nicht leben kann. 2018, S. 449 - 450; Kölsch, Stefan: Good Vibrations - Die heilende Kraft der Musik. 2019, S. 71 und 162

2   Fogerty, John: Mein Leben - Meine Musik. 2016, S. 41

3   Kölsch, 2019, ebd und S. 102f

4   vgl. miz.org/statistiken/bevorzugte-musik-richtungen-nach-altersgruppen

5   siehe bei hanspeterbecker.com/de/musik-und-persoenlichkeit-was-deine-lieblingsmusik-ueber-dich-aussagt

6   ebd; vgl. auch bei gala.de/lifestyle/liebe/psychologie-das-enthuellt-ihre-lieblingsmusik-ueber-ihre-persoenlichkeit

7   welt.de/kmpkt/article248905408/Musik-Wie-moralisch-bist-du-Das-sagt-deine-Lieblingsmusik-ueber-dich-aus

8   siehe z.B. bei marburger-post.de/panorama/lyrics-bedeutung oder rm-kurier.de/panorama/lyrics-bedeutung

9   vgl. bei musikwissen.com/songwriting/songtextanalyse

10   de.m.wikipedia.org

11   rollingstone.de/artists

12   vgl. de.m.wikipedia.org

13   ebd

14   siehe bei songtell.com

15   vgl. en.m.wikipedia.org

16   vgl. bei Rudolph, Hagen: Sechs Jahrzehnte Santana. Musiker, Alben, Songs, Geschichten. 2022, S. 12ff;
        Vincent, Rickey: Funk. The Music, the People, and the Rhythm of The One. 1996, S. X, 113, 325 und 330

17   siehe bei en.m.wikipedia.org und Rudolph, Hagen: Sechs Jahrzehnte Santana, 2022, S. 35ff

18   zitiert nach americansongwriter.com

19   vgl. bei en.m.wikipedia.org

20   siehe bei de.wikipedia.org; laut.de/Chicago

21   en.m.wikipedia.org

22   vgl. Bob Helme (2016), in: somethingelse-reviews.com

23   de.m.wikipedia.org

24   ebd

25   en.m.wikipedia.org

26   vgl. bei blacksabbathfandom.com

27   siehe bei en.m.wikipedia.org

28   vgl. Faglioni, Gino: What The Funk, 2008, S. 40ff;
     Schmidt-Joos / Kampmann: Rock-Lexikon, Bd. 2., S. 1632 – 1633;
     siehe auch: du, Die Zeitschrift der Kultur, All that Funk. Ausgabe November 1999, Heft Nr. 701, S. 6 und 22-24

29   en.m.wikipedia.org

30   vgl. Wizard, L.C.: It´s Funky! 2023, S. 20-21

31   siehe   de.m.wikipedia.org

32   vgl. bei allmusic.com und Classic
        Rock, Ausgabe 11/2023, S. 26

33   siehe Anmerkung 31

34   vgl. bei en.m.wikipedia.org

35   siehe bei Bell, Max.: L.A. Woman und die letz-
        ten Tage von Jim Morrison, in: teamrock.com

36   siehe Anmerkung 34

37   de.m.wikipedia.org

38   vgl. songfacts.com und Rudolph, Hagen:
        Sechs Jahrzehnte Santana, 2022, S. 62ff

39   Zitat aus dem Text auf der Rückseite der Hülle
        der Deluxe 2-disc-Edition von Santana III (2006,
        Sony)

40   en.m.wikipedia.org

41   vgl. du, Die Zeitschrift der Kultur, November
        1999, S. 6 und Faglioni, Gino: What The
        Funk, 2008, S. 25

42   vgl. Vincent, Rickey: Funk, 1996, S. 131-133;
      laut.de/Stevie-Wonder

43   Jon Ewing, in: musicto.com;
      en.m.wikipedia.org; songfacts.com

44   en.m.wikipedia.org

45   ebd;
      vgl. auch drummerworld.com/drummers/
      Airto Moreira; siehe auch airto.com/Bio;
      Wizard, L.C.: Airto Moreira, 2022, S. 10ff

46   ebd

47   de.m.wikipedia.org

48   siehe bei Vincent, Rickey: Funk, 1996, S. 112

49   wie Anmerkung 47

50   soundsoftheuniverse.com

51   vgl. funkatropolis.blogspot.com

52   siehe z.B. bei discogs.com

53   was-war-wann.de/musik/biografie/udo_lin-
      denberg

54   Platten-Kritik von Ingeborg Schober, in:
      amazon.de

55   vgl. musikansich.de

56   en.m.wikipedia.org

57   de.m.wikipedia.org

58   Plattenkritik von François Couture, in:
        allmusic.com; vgl. en.m.wikipedia.org

59   vgl. Buchempfehlungen zur Prä-Astronautik
        z.B. bei lovelybooks.de oder latina-press.com

60   de.m.wikipedia.org

61   vgl. rollingstone.de/bob-marley

62   siehe bobmarley.com

63   vgl. de.m.wikipedia.org

64   siehe Schmidt-Joos; Kampmann: Rock-Lexikon,
        Bd. 1, 2008, S. 519

65   vgl. Faglioni, Gino: What The Funk, 2008,
        S. 94/95; Vincent, Rickey: Funk, 1996,
        S. X; de.m.wikipedia.org

66   vgl. bei songfacts.com; en.as.com;
        de.m.wikipedia.org

67   de.m.wikipedia.org

68   siehe v.a. bei Wizard, L.C.: Crazy Horse
      (Band), 2023, S. 12ff

69   vgl. bei americansongwriter.com;
      Bielen, Ken: The Words and Music of Neil Young.
      Bloomsbury Academic, 2008, S. 42;
      Wizard, L.C.: Crazy Horse (Band), 2023, S. 49;
      neil-young.info

70   vgl. bei Rudolph, Hagen: Sechs Jahrzehnte
      Santana, 2022, S. 146f

71   en.m.wikipedia.org

72   ebd.; vgl. bei Vincent, Rickey: Funk, 1996,
      S. 230;
      Wizard, L.C.: Fusion Jazz-Juwelen, 2023, S. 128f

73   vgl. bei georgedukemusic.com;
      Wizard, L.C.: Fusion Jazz-Juwelen, 2023, ebd

74   wie Anmerkung 71

75   siehe en.m.wikipedia.org

76   vgl. du, Die Zeitschrift der Kultur, November
      1999, S. 28ff;
      Faglioni, Gino: What The Funk, 2008, S. 25

77   zitiert nach Tom Terrell, in: Booklet der CD

78   de.m.wikipedia.org

79   vgl. bei ostbeat.de

80   de.m.wikipedia.org

81   siehe bei deutsche-mugge.de

82   vgl. z.B. bei discogs.com

83   siehe bei chartsurfer.de

84   de.m.wikipedia.org

85   siehe discogs.com

86   vgl. Schmidt-Joos; Kampmann: Rock-Lexikon,
      Bd. 1, 2008, S. 981f und laut.de

87   en.m.wikipedia.org

88   vgl. Reents, Edo: Neil Young – Eine Biographie,
      2005, S. 239-244;
      Erhart, Walter: Neil Young, 2015, S. 117;
      Wizard, L.C.: Crazy Horse (Band) - 100 % Rock,
      2023, S. 67-69

89   vgl. bei en.m.wikipedia.org

90   ebd und v.a. Rudolph, Hagen: Sechs Jahrzehnte
      Santana, 2022, S. 196f

91   en.m.wikipedia.org

92   vgl. bei Schmidt-Joos; Kampmann: Rock-Lexikon,
      Bd. 2, 2008, S. 1538f

93   siehe z.B. bei laut.de

94   en.m.wikipedia.org

95   ebd

96   siehe bei Rudolph, Hagen: Sechs Jahrzehnte San-
      tana, 2022, S. 202f und en.m.wikipedia.org

97   vgl. bei en.m.wikipedia.org

98   siehe z.B. bei was-war-wann.de

99   en.m.wikipedia.org

100   Santana, Carlos: Der Klang der Welt, 2015, S. 21

101   Dt. Schriftsteller der Romantik, Komponist,
      Kapellmeister, Musikkritiker u.a. (1776-1822)

102   vgl. laut.de

103 siehe bei Wizard, L.C.: Incognito. Acid Jazz-Funk Giganten, 2021, S. 14ff und laut.de

104 en.m.wikipedia.org

105 ebd

106 vgl. z.B. laut.de

107 CD-Kritik von Günther Fischer, in: spiegel.de

108 en.m.wikipedia.org

109 vgl. bei discogs.com

110 en.m.wikipedia.org

111 ebd

112 de.m.wikipedia.org und laut.de

113 ebd

114 de.m.wikipedia.org

115 en.m.wikipedia.org

116 Berendt/Huesmann, Das Jazzbuch, 2017, S. 593

117 de.m.wikipedia.org

118   vgl. bei discogs.com

119   en.m.wikipedia.org

120   siehe bei smooth-jazz.de

121   siehe bei discogs.com

122   vgl. Rezension bei sonicsoulreviews.com

123   siehe bei de.m.wikipedia.org

124   vgl. bei discogs.com

125   siehe bei Rudolph, Hagen: Sechs Jahrzehnte
      Santana, 2022, S. 309f

126   Plattenrezension von Christof Hammer, in:
      lowbeats.de

127   en. m.wikipedia.org

128   vgl. Wizard, L.C.: Crazy Horse (Band). 100 %
      Rock, 2023, S. 97f

129   siehe die Plattenkritik von Thomas Waldherr,
      in: country.de/2019/10/28/
      neil-young-crazy-horse-colorado

130   vgl. musikreviews.de/reviews/2019/Neil-Young-Crazy-Horse

131   vgl. bei Wizard, L.C.: It´s Funky!, 2023, S. 54/55

132   en.m.wikipedia.org

133   vgl. Wizard, L.C.: Crazy Horse (Band). 100 % Rock, 2023, S. 112ff

134   siehe bei discogs.com

135   de.m.wikipedia.org

136   ebd

137   vgl. bei Wizard, L.C.: Faszination Weltmusik, 2024, S. 46f

138   siehe z.B. bei genesis-fanclub.de

139   siehe Booklet der CD

140   vgl. bei nrwjazz.net/archiv/portraits/iv-incognito